推动黄河流域“水－能源－粮食”协调发展的路径与对策研究

谭琦璐　等◎著

中国计划出版社
·北　京·

图书在版编目（CIP）数据

推动黄河流域“水-能源-粮食”协调发展的路径与对策研究 / 谭琦璐等著. -- 北京 : 中国计划出版社, 2024.10
ISBN 978-7-5182-1577-5

Ⅰ. ①推… Ⅱ. ①谭… Ⅲ. ①黄河流域一区域经济发展一研究 Ⅳ. ①F127.4

中国国家版本馆CIP数据核字(2024)第015444号

推动黄河流域“水–能源–粮食”协调发展的路径与对策研究
TUIDONG HUANG HE LIUYU “SHUI–NENGYUAN–LIANGSHI” XIETIAO FAZHAN DE LUJING YU DUICE YANJIU

策划编辑：李　陵
责任编辑：张文征
责任印制：李　晨

中国计划出版社出版发行
网址：www. jhpress. com
地址：北京市西城区木樨地北里甲11号国宏大厦C座4层
邮政编码：100038　电话：（010）63906433（发行部）
北京厚诚则铭印刷科技有限公司印刷

787mm × 1092mm　1/16　14.5印张　206千字
2024年10月第1版　2024年10月第1次印刷

定价：68.00元

前言

一、研究背景和意义

2019年9月18日，习近平总书记在郑州主持召开黄河流域生态保护和高质量发展座谈会，明确“黄河流域生态保护和高质量发展，同京津冀协同发展、长江经济带发展、粤港澳大湾区建设、长三角一体化发展一样，是重大国家战略”。2021年10月，中共中央、国务院印发《黄河流域生态保护和高质量发展规划纲要》（以下简称《规划纲要》），是当前和今后一个时期指导黄河流域生态保护和高质量发展的纲领性文件。《规划纲要》指出，黄河流域最大的矛盾是水资源短缺，最大的问题是生态脆弱，最大的短板是高质量发展不充分。战略的提出是为解决这些矛盾、问题、短板，近期（2030年）实现水资源保障能力进一步提升、国家粮食和能源基地地位持续巩固的目标，中期（2035年）实现水资源节约集约利用水平全国领先、现代化经济体系基本建成的目标。

水、能源、粮食是支撑黄河流域生态保护和高质量发展的三大核心要素。水资源是保障黄河流域生产、生活、生态正常有序的最为重要的资源。《规划纲要》立足于流域水资源禀赋现实条件，将以水定城、以水定地、以水定人、以水定产的“四水四定”作为黄河流域经济社会发展的重要原则。保护治理也是以“水”为核心，提出了构筑以河湖为载体的沿黄河生态带、水源涵养区、水土保持区、水污染防治区的生态保护空间格局。能源、粮食生产是黄河流域高质量发展的特色和动力，《规划纲要》将打造高质量发展的重要实验区作为战略定位之一，明确指出“通过巩固粮食和能源安全，突出流域高质量发展特色”。在黄河流域“一轴两区五极”的高质量发展动力格局中，粮食主产区、能源富集区列为其中的“两区”。除支撑流域本身高质量发展外，黄河流域作为“能源流域”和重要的粮食生产基地，对保障全国安全供应的作用也至关重要。

当前，黄河流域“水－能源－粮食”协调水平还不高，推动三者协调发展具有必要性、迫切性。水、能源、粮食关系复杂而紧密，三者在生产、消费、转化过程中相互交织、相互依赖、相互传导，构成了“水－能源－粮食”系统整体，国际上称之为“纽带（Nexus）”。对于黄河流域而言，“水－能源－粮食”纽带关系中的制约与竞争表现得更为明显，黄河流域是三者矛盾集中凸显区。

具体表现为：一是水资源制约作用极强，资源型缺水和污染型缺水并存。黄河水资源总量不到长江的7%，仅占全国的3%，且由于径流年际分布极度不均，在非汛期容易断流，造成水生态环境波动恶化。二是水、能源、粮食三种资源在黄河流域呈现较为明显的空间错配。黄河中上游是煤炭生产重心，却拥有最少的水资源量，特别是“几”字弯地区的晋陕蒙宁四省区以不足全国1%的用水支撑了全国60%以上的煤基能源产品。黄河下游是粮食生产重心，可用水资源量也偏少，耕地“占优补劣”政策更加重了“水－粮食”矛盾。三是能源、粮食一定程度存在“争水”现象。例如，中游内蒙古、山西等省区，既要保障河套灌区、汾渭平原等农业主产区灌溉用水，又要保障其间的国家重要煤炭基地和能源化工基地的取水用水。

从研究层面看，“水－能源－粮食”协调仍以理论研究为主，政策实操层面还有提升空间。2011年在德国波恩召开的“水－能源－粮食”安全纽带关系会议，首次将三者关系确定为纽带关系。随后，“水-能源-粮食”的集成耦合与协同保障成为政府和学界关注的重要领域。然而，无论从理论体系的完整性，还是从对现实需求的实际支撑角度来看，相关研究仍处于起步阶段。尤其是整体视角下的“水-能源-粮食”协同策略研究还比较缺乏，使得国家层面和沿黄各省区在开展资源综合优化管理进而实现可持续发展方面尚未能获得坚实支撑。

基于上述政策和研究背景，在黄河流域生态保护和高质量发展国家重大战略背景下，坚持系统观念推动“水-能源-粮食”协调发展，对于促进流域生态保护和高质量发展迈向更高层次、提升流域现代化治理能力和水平、增强全流域乃至全国的生态、经济、资源等的安全保障水平都具有十分重要的意义。

二、内容设置及逻辑关系

本书共设置五篇十二章。第一篇为现状篇，由第一章至第三章构成，分别从“水-能源-粮食”协调研究本身、黄河流域三种要素各自发展情况以及“水-能源-粮食”耦合关联特征展开论述，在为读者构筑相关领域基本概念的同时，尽可能详尽地呈现出黄河流域“水-能源-粮食”协调发展的基础与背景。

第二篇为评价篇，包括第四章、第五章。第四章测算了沿黄九省区和黄河流域整体“水-能源-粮食”耦合协调指数，用以评价三种要素的协调协同程度。第五章从政策入手，重点评价黄河流域水、能源、粮食政策效果和实施目标的协同程度。

第三篇为问题篇，包括第六章、第七章。第六章聚焦现实存在的问题，本书将黄河流域“水-能源-粮食”协调程度不高的现实问题概括为“六个不匹配”。第七章分析阐述了未来面临的风险挑战，包括近中期水资源供需矛盾加剧以及三种要素保护与开发可能出现的“不平衡”。

第四篇为调研篇，包括第八章、第九章。宁夏是黄河流域生态保护和高质量发展先行区，其发展成效和经验做法对于黄河流域推进“水－能源－粮食”协调发展具有借鉴作用。因而课题组对宁夏进行了深入调研，针对能源化工基地与水资源协调发展、水权交易等关键问题形成了调研报告。

第五篇为举措篇，由第十章至第十二章构成。第十章提纲挈领地提出了推动黄河流域“水－能源－粮食”协调发展的“一个战略起点、两大核心目标、三大综合能力、四大重点工作、五项支撑保障”的总体思路、五大实施原则和策略以及具体目标。第十一章为具体任务路径，针对水资源优化配置与管理、能源行业“适水发展”、粮食生产“水土协调”、水生态承载力提升四个重要方面，提出共35项的细化举措。第十二章为构建保障体系，从强化顶层设计、优化体制机制、完善政策体系、加快重大工程建设、夯实标准和科技支撑五方面加以阐述。

三、研究尺度和方法

本书的研究尺度包括空间和时间两个维度。空间尺度涉及省级和地市级两个层级，省级包含黄河流经的9个省（区），从上游到下游依次为青海、四川、甘肃、宁夏、内蒙古、陕西、山西、河南、山东；地市级包含黄河流经的76个市（州、盟）（见表1）。76个地级市相比9个省（区）的地理范围有所缩小，旨在提高分析颗粒度和施策精准度。在时间尺度上，本书以2021年为基准年（部分现状数据更新至2022年或2023年），近期以“十四五”规划末期即2025年为节点，中期同《规划纲要》保持一致，展望至2035年。

表1 黄河流经的76个地级市（州、盟）名单

省 区	黄河流经市（州、盟）	数量/个
青海省	西宁、海东、海北、海南、海西、黄南、果洛、玉树	8
四川省	甘孜、阿坝	2
甘肃省	甘南、临夏、兰州、白银、定西、天水、平凉、庆阳、武威、张掖、陇南	11
宁夏回族自治区	银川、石嘴山、吴忠、固原、中卫	5
内蒙古自治区	呼和浩特、包头、乌海、鄂尔多斯、巴彦淖尔、乌兰察布、阿拉善盟	7
陕西省	西安、铜川、宝鸡、咸阳、渭南、延安、汉中、榆林、安康、商洛	10
山西省	太原、大同、阳泉、长治、晋城、朔州、晋中、运城、沂州、临汾、吕梁	11
河南省	郑州、开封、洛阳、平顶山、安阳、鹤壁、新乡、焦作、濮阳、三门峡、南阳、济源	12
山东省	济南、淄博、东营、济宁、泰安、临沂、德州、聊城、滨州、菏泽	10

为提高对策建议的针对性和落地性，本书在举措篇采用了“分类分区分型”的思路框架。其中，“分类”中的“类”指水、能源、粮食三类核心要素；“分区”是按照流域经济理论，将黄河流域划分成上、中、下游三区，上中下游在水、能源矿产、耕地等资源禀赋上特征各异，施策重点也不同；“分型”是以沿黄76个市（州、盟）为对象，根据不同城市的生态本底条件以及在经济发展、能源生产、农业生产上的表现，分别归为生态型、农业型、能源型、城镇型城市。

为提高分析的科学性和结果的合理性，本书在相关章节采用了定量化的测算和分析手段。一是在黄河流域“水-能源-粮食”协调度评价部分，根据共生理论的稳定性、互馈性、可持续性等一系列标准搭建了评价指标体

系，通过熵权法、层次分析法、可变模糊评价等赋权手段进行综合评价。二是在黄河流域未来水资源供需形势部分，通过工业（能源）、农业（粮食）、生态、生活等规模和用水效率的趋势外推，初步测算了主要用水部门的需水量。三是在对沿黄76个市（州、盟）“分型”上，首先从经济社会、水资源供给利用、能源生产与用水、粮食生产与用水等方面确定城市分类的指标体系；其次在统计学范畴下的聚类分析方法的基础上，设计包含两个步骤的二阶聚类，利用二阶聚类将所有城市分为四类，参考不同类型指标的数值大小，判定城市属于生态型、农业型、能源型、城镇型“四型”中的哪一型。

此外，本书通过文献研究、实地调查、专家咨询等方式支撑现状分析、问题剖析、风险研判、任务路径、政策保障等部分，确保研究内容能反映决策者或其他利益相关者的关切、在重大问题上的结论准确。

四、本书的贡献者

本书是基于中国宏观经济研究院2023年重点课题《优化黄河流域“水－能源－粮食”协调发展的对策研究》的成果进一步丰富完善和系统整理而成。该研究由国家发展改革委能源研究所课题组完成，本书是全体课题组成员共同的劳动结晶。

熊华文、谭琦璐为课题负责人。其中，熊华文主持课题讨论和集中写作，拟定报告总体框架，参与了本书第一章、第六章、第七章、第十章至第十二章的撰写；谭琦璐负责“能源－水”的协调研究和政策协同评价，并负责全书的统筹和完善，参与第一章、第二章、第五章至第七章、第十章至第十二章的撰写，独立完成第三章和第九章的撰写。

田磊、惠婧璇、郭敏晓、胡珮琪、种珊为课题组成员和本书的执笔人。其中，田磊负责黄河流域“水－能源－粮食”耦合协调量化评价，参与第一章的撰写，独立完成第四章的撰写。惠婧璇负责水资源优化管理研究，参与第二章、第六章、第十一章、第十二章的撰写。郭敏晓负责“粮食-水”的协调发展研究，参与第二章、第六章、第十一章的撰写，独立完成第八章的撰写。胡珮琪负责黄河流域地级市聚类分析，参与政策协同评价，配合完成了第五章、第十章相关内容的撰写。种珊参与“能源-水”的协调研究，配合完成了第十一章相关内容的撰写。

本书也离不开能源研究所领导和资深专家的指导，张有生副所长全程对课题研究进行把关，凝练提升重大结论，带领课题组赴宁夏深入调研；杨宏伟、崔成、朱松丽等研究员对各研究专题给予了充分指导。此外，也要由衷感谢为课题研究提供宝贵意见的中国宏观经济研究院的其他兄弟单位、中国水利水电科学研究院、清华大学、中国农业科学院等专家，感谢为课题组调研提供大力支持的宁夏回族自治区发展改革委、水利厅等有关单位。

目录

第一篇　现状篇

第二篇　评价篇

第四章　黄河流域“水－能源－粮食”耦合协调发展评价

第五章　黄河流域水、能源、粮食政策进展与协同评价

第三篇　问题篇

第六章　黄河流域“水－能源－粮食”协调发展存在的问题

第五篇　举措篇

第十章　推动黄河流域“水－能源－粮食”协调发展的思路

第十一章　推动黄河流域“水－能源－粮食”协调发展的任务路径

第十二章　健全优化黄河流域“水－能源－粮食”协调发展的政策保障

第一篇

现状篇

第一章
黄河流域“水－能源－粮食”协调研究评述

一、“水－能源－粮食”的耦合关联

（一）纽带关系的概念与发展

水、能源和粮食是关系区域可持续发展的关键要素，无论在生产、消费还是管理过程，三种资源间均存在复杂而密切，且具有敏感性和脆弱性的关联关系[1]。任何只关注某一资源而忽视其他资源的政策措施都可能给其他资源带来意想不到的重大后果，因而研究水、能源、粮食三者的关系极其必要。从全球范围看，水、能源、粮食的关系研究是从对三种资源独立研究的基础上发展而来，分别经历了“单中心”到“双中心”，再到“三中心”的演化阶段。

“水－能源－粮食”纽带关系概念的提出助推“三中心”阶段迈入加速进程，此后学界和政界对于“水－能源－粮食”的整体性、协同性、协调性的关注度不断提升。2011年1月，世界经济论坛（WEF）发表《全球风险报告》，首次提出“水－能源－粮食”耦合系统风险。2021年11月，德国政府及相关机构在德国波恩召开探讨水、能源、粮食资源安全国际会议，首次将

“水－能源－粮食”关系总结为纽带关系（Water–Energy–Food Nexus，WEF Nexus）[2]。2013年，联合国亚洲及太平洋经济社会理事会（UNESCAP）发布了《亚太地区水－能源－粮食纽带关系报告》[3]，提出纽带关系在时间和空间上具有紧密的联系，认为气候变化、金融危机、快速的城市化进程、过度消费等外部因素均会对纽带关系产生影响。2013年，亚洲开发银行（ADB）提出，纽带关系的复杂性要求我们提高水治理水平，改变粗放的水资源开发利用情况[4]。2014年，联合国政府间气候变化专门委员会（IPCC）在第五次评估报告中将“水－能源－粮食”纽带关系定义为系统管理水、粮食和能源等要素的思维和方法，并提出了关联的基本原则[5]。2015年，联合国将能源、水和粮食安全列为《2030可持续发展议程》的核心内容，“水－能源－粮食”协同发展受到学界及各国政府的广泛关注。

探讨“水－能源－粮食”纽带关系的概念框架及核心内涵，研究如何减少三者间的矛盾冲突、增加协同效应是自2011年该概念提出以来的关注重点。瑞典斯德哥尔摩国际环境研究院（SEI）在提出纽带关系概念的基础上，还细化了分析框架，认为“可用水量”是纽带关系的核心要素，应分别在社会、经济、环境三个领域，采用经济、管理及创新等措施，确保水安全、能源安全和粮食安全的成果和效益惠及全人类，实现公平的可持续发展。联合国粮食及农业组织（FAO）从粮食安全角度对纽带关系加以阐述，并提出如何利用纽带关系保障粮食安全、促进农业可持续发展[6]。总的来看，尽管学者们从各种角度提出了纽带关系的定义和分析框架，但尚未有获得广泛认可的统一概念和分析范式，针对纽带系统内部关联、系统边界、影响因素等关键性的理论和实证基础研究仍在持续开展和积累过程中。

（二）“水－能源－粮食”纽带关系分析

如图1-1所示，在“水－能源－粮食”纽带关系中，水处于核心地位，水作为重要的工质和农作物生长不可缺少的成分，是能源供给和粮食生产过程中特别重要的元素；能源作为能量和动力来源，也是水和粮食资源利用的重要驱动和保证；粮食则主要在提供生物燃料方面，与水、能源系统产生关联。

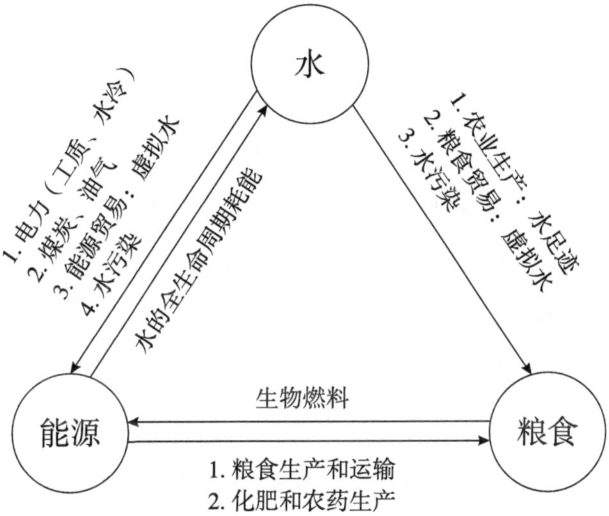

图 1-1　“水、能源、粮食”两两耦合关系示意图

具体来说，“水－能源－粮食”纽带关系表现为“水－能源”“水－粮食”“能源－粮食”两两之间的交互作用。

1.“水－能源”耦合关系

两者为强关联。水资源开发利用会消耗能源，能源作为动力来源贯穿于水资源开发利用（包括取水、输送、分配、使用、处理等阶段）全生命周期。取水、调配水等环节使用的水泵要依靠电力供能。大规模、长距离的调水工程若不依赖地形自流供水，所使用的泵站越多，耗能就越多。例如，南水北调东线一期工程设计了34座泵站逐级提水，共安装水泵160台，总装机容量达到36.62万千瓦[7]。水的终端使用通常包括加热和冷却等过程，也需要消耗一定量的能源。对水源和废水的净化处理过程通常也会消耗电能，因具体工艺流程不同所消耗的能量也有差异。污水处理厂碳排放量在264.74～541.82千克二氧化碳当量/立方米的范围，其中电力消耗产生的间接碳排放量占总排放量的31%～53%。由于水资源开发利用不是主要能源消费部门，因而系统性测算水资源开发利用全生命周期能耗相关的研究偏少。然而，从提升“水－能源”整体可持续发展的角度看，需要重视水资源开发利用中能源的高效利用。

反过来，能源生产过程对水资源有使用需求。煤炭行业的炼焦、开采、洗选环节均需用水，我国采洗煤的平均用水定额为0.74立方米/吨，炼焦平均用水定额为1.7立方米/吨，单位用水量较高，加之我国煤炭行业体量巨大，用水量相当可观。孔令斯等[8]对我国224位专家学者开展了问卷调查，结果显示与能源尤其是煤炭行业相关的水资源问题受到了大多数被调查者的关注。电力行业对水的依赖程度也比较高。据测算，全球火电行业取水量约占全球淡水使用量的10%，这其中又有一半用于冷却系统。水电直接依靠水的重力势能转化为水轮机的动能进而转化为电能。除需水外，能源生产过程还会对水生态环境造成扰动，甚至产生破坏。煤炭、石油开采直接抽取地下水，煤炭开采疏干地下水导致水位下降、水井干涸、地表径流断流，也产生了地下水污染。油气开采具有较高的泄漏污染风险，特别是非常规油气开采使用的水力压裂增产技术污染地下水风险极大。

2.“水－粮食”耦合关系

两者为较强关联。主要表现在粮食生产对水资源的消耗。粮食生产的耗水量一般用水足迹衡量，具体包括蓝水、绿水和灰水三类，蓝水指作物生长过程消耗的灌溉水，绿水指作物生长所需的天然降水（雨水），灰水指按水质本底条件和净化标准，将污染物稀释所需的水。不同区域粮食生产水足迹有显著差异，东北与黄淮海地区粮食生产用水效率较高[9]。不同作物的水足迹也存在较大差异，以水稻、小麦、玉米三大作物为例，水稻灌溉需水多，蓝水足迹最大，而玉米的绿水足迹最大。不同地区、不同作物的水足迹不同，为改善粮食结构从而提高水资源利用效率提供了思路。灰水所表征的污染特性也体现了作物种植过程对水生态环境的重要影响。种植过程施用农药、化肥和农田退水造成的面源污染是区域水污染的主要来源之一。长江经济带11个省（市）第二次污染源普查数据显示，农业面源化学需氧量、总氮、总磷排放量分别占长江经济带该污染物总排放量的45.1%、48.0%和66.6%[10]。

3.“能源－粮食”耦合关系

两者为弱关联。能源为粮食生产和运输直接提供动力，并通过高能耗的化肥、农药生产间接作用于粮食系统。反过来，粮食主要通过转化为生物质燃料（如乙醇）等作用于能源系统。

我国的粮食生产属于能源驱动型。根据国家统计局相关统计数据，近十年来，我国粮食产量增长幅度接近50%，但农业生产中柴油、电力、化肥、农药和农膜等广义能源的消耗量增长却超过100%。联合国粮食及农业组织公布的数据显示，我国农业生产中的能源碳排放占农业总排放约1/3。刘英基[11]通过对我国30个省份的2001—2013年面板数据测算研究发现，广义能源中各要素对粮食产量影响较大，且产出弹性总体呈上升趋势。

对于生物质燃料而言，研究表明农作物单产和耕地资源是影响生物质燃料消费的关键因素。此外，对生物质燃料的探讨更多聚焦在粮食安全上，有些学者认为专门的能源作物种植发展不会给粮食安全带来实质影响，但有些学者对此持谨慎态度，认为在发展生物能源的同时需要更加关注粮食安全问题。

4.“水－能源－粮食”三元关联（纽带关系）

如果说“水、能源、粮食”两两耦合还属于“输入—响应—反馈”线性式的变化，那么当统筹考虑三个要素时，“输入—输出”就变成“黑箱”，其间关联的复杂性呈现指数级增长，可谓“牵一发而动全身”。例如，当能源产量提高时，会造成水资源消耗的增加，与此同时会影响生物质燃料的需求和供给；当粮食产量提高时，又会增加能源（石油、电力）和水资源的消耗；当提高水资源的开发利用时，又需要更多的能源作为保障。此外，“水－能源－粮食”纽带系统与外部的关联也不容忽视。气候变化、经济发展、城镇化建设、人口迁移等外部因素均会对纽带关系造成显著影响。由于“水－能源－粮食”纽带关系内部的复杂性和与外界的强互动性，国内外相关研究机构通常利用定量化的模型工具来辅助支撑分析，所采用的模型类型主要包括资源供需协同模型、系统动力学模型、投入产出模型、三元关联系统的生态环境评价模型等[12]。

二、“水－能源－粮食”纽带关系优化研究的多维视角

（一）基于协同的视角

当前，还存在单一部门管理资源、不同部门分业监管的局面，缺乏水资源、能源、粮食协同管理的措施和制度。随着学界对“水－能源－粮食”纽带关系研究的逐步加深，越来越多的学者开始意识到三种资源协同管理对于优化资源管理本身和可持续发展的重要性，协同视角成为现阶段纽带关系研究的主要方向之一。

协同发展评价指标体系的构建是协同研究的基础前提。在针对不同区域、行业、部门的研究中，协同评价指标体系的构建基本都是以水资源子系统、能源子系统、粮食子系统为基本框架和载体。例如，邓鹏等[13]评价了江苏省“水－能源－粮食”耦合协调情况，在水资源子系统、能源子系统、粮食子系统的基础上，将前两者分为总量、结构、效益三个维度，将粮食子系统

分为生产安全、流通安全、消费安全三个维度，选取了18项具体指标。毕博等[14]针对按供需、结构、效率、可持续性、生态化、稳定化等维度细化水资源、能源、粮食子系统的评价指标，构建形成了包含26个指标的评价体系。支彦玲等[15]则在三个子系统的基础上，增加了体现稳定性、协调性和可持续性的二级目标。其中“协调性”采用反映“水－能源”“水－粮食”“能源－粮食”交织作用关系的指标表征。由此可见，随着研究的不断深入，“水－能源－粮食”纽带关系协同发展评价指标体系日益完善，反映单要素的指标覆盖面不断扩大，考虑各子系统耦合作用关系的指标也在不断纳入。

（二）基于安全的视角

人口增长、城市化进程加快和气候变化等，导致对水资源、能源和粮食的需求持续增长，给三种资源的供应安全带来极大压力。水安全被联合国描述为特定地区内的人们能够获得足够数量且质量合格的水资源，用以维持生计、满足人类福祉和社会经济发展需求[16]；国际能源署（IEA）将能源安全定义为“以可承受的价格不间断地获得能源”[17]；联合国粮食及农业组织认为粮食安全指所有人能够在任何时候都获得充足、安全、有营养的食物，以满足其饮食需求和偏好[18]。由于纽带关系的存在，任何一种资源的供应都受到其他两种资源的影响，甚至更多的是约束限制。Bizikova等[19]认为仅仅关注WEF Nexus中的某一种资源而忽视其他资源，可能会造成资源供应或使用的不平衡，继而产生安全问题。从三种资源安全的角度进行研究也是纽带关系研究的重要方面之一。

同协同研究类似，安全视角的研究也多以指标为分析基础，通过不同量化手段测算体现资源供应的安全指数并进行评价。孙才志、闫晓东[20]基于Logistic曲线、探索性空间数据分析等方法计算了中国的水资源、能源和粮食安全指数；李东林等[21]采用“单指标量化－多指标综合－多准则集成”

方法，研究测算“一带一路”非洲区6个国家的水资源、能源、粮食安全指数和综合安全指数。王玉宝等[22]利用一种改进的投影寻踪模型分别对当前新疆各地区水资源、能源、粮食系统的安全状况展开时空研究。Shu等[23]开发了一种“水－能源－粮食”安全指数，该指数由两部分组成：一部分代表三种资源的可用程度，另一部分代表了对资源的获取程度。Cansino-Loeza等[24]也提出了一种综合安全指数，分别评价水资源、能源、粮食的可用性、可及性和可持续性。安全指数等测度工具的提出为决策者确保三种资源供应安全、实现可持续发展提供了极为有价值的信息，但目前在利用这一工具支撑政府部门或相关管理机构实施资源综合性管理方面还稍显薄弱。

（三）基于风险的视角

世界经济论坛在2011年《全球风险报告》中指出，“水－能源－粮食”纽带在发展过程中会面临经济社会、生态环境、气候变化、自然灾害、资源短缺等风险，风险的产生严重威胁了纽带系统的可持续发展。受此启发，不断有学者从风险视角对“水－能源－粮食”纽带关系进行研究。

大多数研究侧重于生态环境、气候变化和资源供需等方面，既包括对单一风险的研究，也涵盖对多种风险指标的测算评估。前者如，Miller-Robbie等[25]采用生命周期评价方法核算了纽带系统的温室气体排放量；Moore等[26]重点研究水资源供给风险，将纽带关系相关部门的耗水量分解到空间网格，根据水资源径流量评估水供给短缺风险等。后者如，Hatfield-Dodds等[27]建立了同水资源、能源、粮食和其间相互关系的9个软链接区域模型，分析了对澳大利亚温室气体排放、水资源供给和自然生境带来的影响；Ramaswami等[28]采用环境足迹的方法分析了城市尺度“水－能源－粮食”纽带关系的温室气体排放和水资源短缺风险；刘凌燕等[29]利用“压力—状态—响应”（Pressure State Response，PSR）模型和系统动力学模型构建“水－能源－粮食”资源风险评估框架，并以东北三省作为研究对象。通过文献研究发现，目前基于风险视角的“水－能源－粮食”纽带关系优化研究还处于理论层面，统一规范的纽带关系风险评估框架尚未建立，系统全面体现三者关联风险的评估指标体系仍缺乏，量化模型和方法也还在不断发展和成熟的过程中。

（四）基于优化的视角

“优化”是“水－能源－粮食”纽带关系提出的初衷，也是目标所在。前面提到的基于协同、安全、风险等视角的研究，其最终目的都是为优化纽带系统服务。从优化视角本身来看，现有研究多聚焦在优化模型的构建以及基于模型的测算评估上。

例如，Zhang等[30]构建了以能源供给、水资源供给、粮食生产及二氧化碳（CO_2）排放综合成本最小为目标的WEFO线性数学规划模型；Akinsete等[31]以非洲的赞比亚河和奥莫河—图尔卡纳湖为重点，基于水资源管理模型从“水－能源－粮食”纽带关系的角度构建了一个评价经济发展的优化模型，用来量化区域以水资源为主的经济价值和跨界合作所产生的效益；Chen等[32]以区域“水－能源－粮食”纽带系统综合偏离度最小化、水资源供水效益最大化、能源产量最大化、粮食产量最大化以及能源子系统污染物排放量最小化为目标，构建了基于多目标规划的区域系统优化模型，并应用于内蒙古地区的“水－能源－粮食”系统的优化研究；Hernández-Pérez等[33]构建了在不确定性框架下的“水－能源－粮食”纽带关系的多目标优化模型，目标函数包括了年均成本、新鲜水的总净需求量、温室气体总排放量，所考虑的约束条件涵盖水、能源、粮食三个要素的可用性、可达性、可持续性；López-Flores等[34]将纽带关系扩充为“水－能源－粮食－生态”，设计出一种包含有生命周期分析、纽带安全、经济性分析等框架的机器学习模型，将其应用于墨西哥一个地区的可持续发展。

三、黄河流域“水－能源－粮食”协调关系研究评述

关于黄河流域“水－能源－粮食”的研究从2020年开始涌现，主要聚焦在三者纽带关系的理论辨析和“水－能源－粮食”系统耦合协调度评价两方面。此外，少数研究也尝试基于评价结果对“水－能源－粮食”系统发展的政策和管理提出优化建议。

（一）黄河流域“水－能源－粮食”纽带关系的突出特点

除具有“水－能源－粮食”纽带关系的共性特征外，黄河流域三种资源的耦合关联有其独特性。一方面，黄河流域地理空间辽阔，“水－能源－粮食”纽带系统的边界更加具有模糊性、动态性、开放性的特征，这意味着三者互动将会呈现出更加复杂的非线性特征。另一方面，黄河流域被誉为“能源流域”，能源供应保障地位重要，加上分布着我国许多重要的粮食主产区，农业生产在流域乃至全国的地位也不能忽视，但在水资源禀赋上具有严重短缺的特性。同其他区域相比，黄河流域“水－能源－粮食”纽带关系的矛盾交织更为激烈。

因而，对黄河流域“水－能源－粮食”纽带关系中资源的权衡与统筹也显得比其他区域更加急需和迫切。彭俊杰[35]将这一纽带关系特征定义为耦合与协同。在耦合方面，强调要在资源管理中纳入涉及其他方面的利益相关者，实现水、能源、粮食三个系统各自的全生命周期管理，推动系统在有限资源下持续保持其功能，探索公平获取水资源、能源资源和粮食资源的权利和途径，从而形成一种“水－能源－粮食”协调的新型治理模式。在协同方面，指出水、能源、粮食是支撑流域高质量发展的“慢变量”，三者演化需

要经历“失调衰退—勉强协调—耦合协调”等发展阶段，因此需要依据不同的协调阶段提出迈向高耦合协调水平的举措。

（二）黄河流域“水－能源－粮食”耦合协调评价

国内聚焦黄河流域“水－能源－粮食”耦合协调相关的研究[36, 37]，主要思路均为首先构建黄河流域“水－能源－粮食”评价指标体系，其次运用模型或成熟的量化分析手段计算反映耦合度、协调度的指数，最后分析耦合协调的演变规律和发展趋势。采用的定量化分析模型或方法主要包括耦合协调模型、PSR模型、空间相关性分析、灰色预测模型等。众多同黄河流域“水－能源－粮食”协调相关的研究在耦合度、协调度、空间差异、未来趋势等方面形成了一些共性结论。

在耦合度分析方面，相关研究普遍认为黄河流域“水－能源－粮食”的耦合度很高，这意味着三者关系紧密。例如，徐辉等[38]测算出2008—2018年黄河流域“水－能源－粮食”基本处于稳定的高水平耦合状态。

在协调度分析方面，相关研究普遍认为近10～15年，黄河流域“水－能源－粮食”的协调度水平在不断上升。对当前协调度水平的测算有初级协调、初级协调到中级协调过渡、中级协调等结论，尽管不完全一致，但均认为未达到良好协调水平，有进一步优化提升的潜力。

在空间差异分析方面，相关研究普遍认为上游的“水－能源－粮食”协调度优于中游、下游，但是地级市层面这种空间关联性并不显著。例如，赵良仕等[36]采用探索性空间数分析（Exploratory Spatial Data Analysis，ESDA）方法，计算黄河流域地级市层面的耦合协调度空间关联性，发现并非所有年份空间关联性都十分显著。

在未来趋势分析方面，相关研究普遍认为“水－能源－粮食”协调度将持续上升，但速度缓慢，短期内协调度水平不会达到良好协调水平，这主要受水资源严重制约的影响。例如，罗巍等[39]根据ARIMA（差分自回归移动平均模型）预测黄河流域“水－能源－粮食”纽带关系在短期内仍处于低协同状态，秦悦[40]预测2027年前黄河流域三种资源的耦合协调度才能进入向良好协调的过渡阶段。

（三）黄河流域“水－能源－粮食”协调发展路径重塑

同发展路径重塑相关的文献比较少，以河南省社会科学院为主[41]，核心是提出要建立黄河流域“水－能源－粮食”纽带系统协同安全体系，重点聚焦提高“五力”，即抵御自然灾害能力、生态承载能力、综合生产能力、市场竞争能力、环境风险预警与防控能力，不断提升系统安全水平。

具体来说，在提升纽带系统抵御自然灾害能力方面，提出要关注“水”这一核心要素，全面发挥黄河干支流水利枢纽在水沙调控体系中的重要功能，同时要强化抵御自然灾害的能源供应。在提升纽带系统生态承载能力方面，要强化山水林田湖草沙是生命共同体的系统观念，全面提升森林、湿地、水域、农田、城市五大生态系统承载力，积极做好“三增”“三转”“一统筹”。在提高纽带系统综合生产能力方面，重点是要在黄河流域内“水－能源－粮食”耦合协调度较低的地区实施农业节水增效和工业节能降耗并举的措施。在提高纽带系统市场竞争能力方面，要促进资源要素顺畅流动，矫正资源要素失衡错配，加快推进产业链现代化，构建广泛联结、紧密互动、深度融合的现代化产业链条；加快完善以清洁能源、煤油气等互补融合的流通体系，推动纽带系统生产模式和产业组织方式创新，持续扩大优质农产品、能源产品消费品、中高端产品和优质服务供给。在提高纽带系统环境风险预警与防控能力方面，要实施流域粮食安全战略、流域水资源安全战略、城市纽带系统安全战略、纽带系统应对气候变化安全战略等战略。

（四）已有研究存在的不足

综合看，目前针对黄河流域“水－能源－粮食”协调发展的研究对于指导资源综合管理实践和优化政策制定的作用还未充分发挥。

一方面，对三者整体协同优化探讨不够。尽管多数学者认为黄河流域“水－能源－粮食”协调发展至关重要，三者处于同等重要的地位，但在研究中还是以水资源为主体，侧重探讨能源、粮食生产的水资源安全保障或者以水资源承载能力为约束的能源、粮食生产优化配置方面，对真正意义上的三者互动、协同、演化的论述还比较缺乏。另一方面，支撑政策制定与优化还很不足。从上述对文献的梳理可以看出，绝大多数研究采用各种量化模型方法评价“水－能源－粮食”的耦合协调水平，而对如何通过量化结果识别经济社会人文、行业本身发展等更深层次的问题和原因，提出提升三者协调发展水平的任务路径和体制机制方面的政策建议还关注得不多、挖掘得不够。

第二章
黄河流域水资源供需以及能源、粮食发展现状

一、黄河流域水资源供需特征

（一）水资源短缺，开发利用率偏高

黄河流域水资源禀赋“先天不足”。据水利部发布的《中国水资源公报2023》，2023年我国水资源一级区的水资源总量为25782.5亿立方米，黄河流域总资源量为789.7亿立方米，仅为全国的3.1%，长江流域的8.9%，在北方6个主要流域中排名倒数第三。降水少、蒸发大、产水模数低导致黄河流域河流径流小是水资源短缺的主要原因。2023年黄河流域平均年降水量为491.3毫米，低于全国的平均年降水量（642.8毫米），更是显著低于长江流域的平均年降水量（1068.2毫米）。黄河流域多年平均陆地蒸发量为357毫米，占降水量的80%左右，远高于全国的平均水平（54.7%）以及长江流域的水平（47.9%）。1961—2016年，黄河流域的实测径流和天然径流都存在明显的下降趋势，2023年黄河干流水文站实测径流量与1956—2016年均值相比较，除唐乃亥水文站偏大10.9%外，其余水文站偏小3.35%～27.9%，最大偏小幅度出现在龙门水文站，径流衰减态势依然

持续。从沿黄九省区的人均水资源量看，2023年甘肃、宁夏、山西、河南、山东五省区的人均水资源量分别为903立方米/人、111立方米/人、415立方米/人、481立方米/人、247立方米/人，显著低于全国的平均水平（1828立方米/人）。

黄河流域水资源开发利用率已超国际公认水资源开发警戒线。黄河以占全国2%的水资源量承担了全国12%的人口、15%的耕地以及50多座大中城市的供水任务[42]，水资源开发利用率高达78%，已远超国际公认40%的水资源开发警戒线。其中，流域平均地表水开发利用率达82.5%，山西、河南、山东的地表水开发利用率甚至接近或超过90%（见图2-1）。流域平均地下水开发利用率也达到了34%，甘肃、山西、山东等地下水超载较为严重，相关数据显示甘肃地下水可开采量仅为0.3亿立方米，但实际多年平均取水量缺口达到5.74亿立方米[43]。

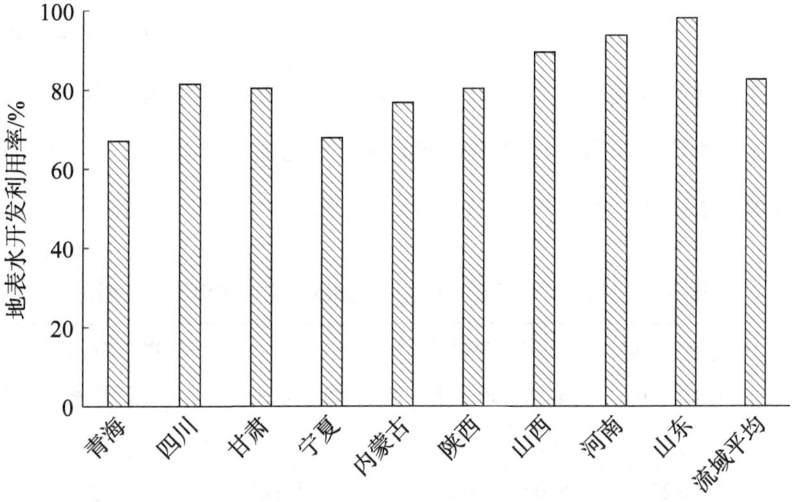

图2-1　沿黄九省区2023年地表水开发利用率（黄河流域）

数据来源：根据《黄河水资源公报2023》相关数据绘制。

（二）地表水是主要供用水来源，农业是主要用水部门

地表水是黄河流域主要供用水来源。在供水方面，2023年黄河流域总供水量为473.36亿立方米（不包括外流域调入），其中地表水源（含向流域外供水）为338.68亿立方米，占总供水量的71.5%；地下水源为134.68亿立方米，占比为28.5%。分省看，四川、甘肃、宁夏、山东的地表水供水比重超过85%，青海、内蒙古、河南的供水比重为64%～85%，山西、陕西的供水比重为50%～64%（见表2-1）。在用水方面，2023年黄河流域总用水量为392.46亿立方米，其中地表水用水量为282.99亿立方米，占总用水量的72.1%；地下水用水量109.47亿立方米，占比为27.9%。虽然流域整体用水结构以地表水为主，但中下游省份对地下水的依赖程度相对要高。内蒙古、陕西、山西（黄河流域范围）2023年地下水占总用水量的比重为31.1%～37.3%，最高的为陕西。中下游省区地下水用水比重明显高于上游省区10%左右的水平，也远高于15%的全国平均水平。黄河中下游由于地下水水位较高，以“自打井”的方式抽取地下水成本低廉、简单方便，较为常见，但这也普遍造成了这几个省份的地下水过度超采。2020年水利部印发《关于黄河流域水资源超载地区暂停新增取水许可的通知》提到，全国62个县级行政区地下水超载，90%的县级行政区位于陕西、山西、河南。

表2-1　2023年黄河流域九省区供用水结构（黄河流域范围）

省区	供（用）水量/亿立方米	供水结构/%			用水结构/%			
		地表水	地下水	其他水源	农业	工业	生活用水	生态环境
青海	12.83	82.5	12.8	4.7	67.0	6.0	19.4	7.6
四川	0.27	100.0	0.0	0.0	63.0	3.7	33.3	0.0
甘肃	40.87	87.4	7.3	5.3	64.8	9.3	19.7	6.2
宁夏	64.79	88.2	8.1	3.8	81.8	7.5	5.7	5.0

续表

省区	供（用）水量/亿立方米	供水结构/%			用水结构/%			
		地表水	地下水	其他水源	农业	工业	生活用水	生态环境
内蒙古	104.03	64.1	31.1	4.8	69.3	9.8	5.5	15.4
陕西	67.84	52.3	37.3	10.4	51.7	13.5	24.7	10.1
山西	49.34	55.6	35.9	8.5	53.9	16.8	22.7	6.6
河南	55.99	67.1	29.1	3.8	59.9	12.5	17.8	9.8
山东	70.51	85.9	11.2	2.9	53.0	16.3	16.3	14.4

资料来源：根据《黄河水资源公报2023》整理。

黄河流域用水结构与我国整体用水结构类似，以农业用水为主体。2023年黄河流域总用水量中，农业用水253.47亿立方米，占总用水量的64.6%；工业用水44.28亿立方米，占11.3%；生活用水57.06亿立方米，占14.5%；生态环境用水37.65亿立方米，占9.6%。农业和生态环境用水占比均高于全国平均水平3个百分点，工业用水占比略低于全国平均水平，且农业、工业、生活中分别有约27.8%、27.7%、44.6%的用水来自地下水。分省看（见表2-1），宁夏、内蒙古、四川的农业用水占比位居前三，均超过60%，宁夏甚至超过80%；山西、山东工业用水占比最大，分别为16.8%和16.3%；内蒙古因乌梁素海生态补水，生态环境用水占比最高，约15.4%，其次是山东，比重为14.4%。在年际变化上，2000年以来，黄河流域农业用水量呈现缓慢下降趋势，工业用水量波动较大，生活、生态环境用水量则显著增长。

（三）矿井水、再生水等非常规水源开发潜力较大

2023年，水利部、国家发展改革委出台《关于加强非常规水源配置利用的指导意见》（水节约〔2023〕206号），明确指出非常规水源是指经处理后可以利用或在一定条件下可直接利用的再生水、集蓄雨水、海水及海水淡

化水、矿坑（井）水、微咸水等。我国持续扩大非常规水源供水规模。据水利部统计，2022年我国非常规水利用量已经达到175.8亿立方米，同比增长37.5亿立方米，占全国供水总量的比重达到2.9%。其中，再生水、矿井水、雨水、微咸水、淡化海水利用量比重分别为85%、6%、5%、2%、2%，再生水和矿井水是体量最大的两种非常规水源。《中华人民共和国黄河保护法》（以下简称《黄河保护法》）第五十九条明确规定黄河流域县级以上地方人民政府应当将再生水、雨水、苦咸水、矿井水等非常规水纳入水资源统一配置，提高非常规水利用比例。再生水、矿井水等的开发利用对于缓解黄河流域水资源紧缺、促进高质量发展作用重大。

黄河流域矿井水产生量大、利用潜力大。据调查[44]，沿黄煤矿地下水富水平均系数高达1.52，因此绝大部分矿井水产生于黄河流域。沿黄九省区每年产生的矿井水总量约达65亿立方米，全国占比超过80%。2021年，国家发展改革委会同水利部等四部门出台《关于印发黄河流域水资源节约集约利用实施方案的通知》（发改环资〔2021〕1767号），要求2025年黄河流域矿井水利用率达到68%以上。若达到以上目标要求，矿井水利用在未来还可贡献近20亿立方米水资源增量。与此同时，由于黄河流域中上游地下水富水系数高、矿井水涌出强度大，随着煤炭“采区西移”，未来矿井水可用量会更多。从实践看，矿井水经处理达标后可用作城市绿化、生态补水、农业灌溉、工业生产等，用途广泛。

黄河流域再生水的开发利用潜力也比较可观。黄河流域每年城镇和工业废水排放量为44亿立方米[45]，流域内所有县级以上城市和工业集聚区（园区）均基本建有污水处理设施，并达到了相应的排放要求，黄河流域再生水利用已经具备了良好的基础条件。郝姝然等[46]测算了未来黄河流域主要城市在实现不同强度再生水利用率目标下的再生水增量，发现若流域内主要城市再生水利用率达到65%，即参考国内领先水平（如北京），再生水增量将接近20亿立方米；若当前再生水处理设施满负荷运行且生产的再生水全部利用，主要城市的再生水利用率可以提高至72.9%，再生水增量约为22亿立方米；若黄河流域主要城市的再生水利用率进一步提升至80%，即参考国际先进水平（如以色列），再生水增量将达到25.9亿立方米。

（四）用水效率基本与全国平均水平持平，节水工作取得一定成效

沿黄九省区万元国内生产总值（GDP）用水量均呈现下降态势，2023年九省区万元GDP用水量为40.9立方米，较2021年的44.6立方米下降8.3%，已超额完成《关于印发黄河流域水资源节约集约利用实施方案的通知》（发改环资〔2021〕1767号）要求的2025年万元GDP用水量控制在47立方米以下、比2020年下降16%的节水目标。

沿黄九省区工业用水效率高于全国平均水平。2023年沿黄九省区万元工业增加值用水量为7.9～24.9立方米，除青海外均小于全国平均水平（24.3立方米）（见表2-2）。在国际上也处于先进水平，高收入国家、中高等收入国家、中低等收入国家、金砖国家万美元工业增加值用水量分别为435立方米、317立方米、497立方米、330立方米，黄河流域工业用水效率远高于此。分省看，山西、陕西的工业用水效率最高，万元工业增加值用水量小于10立方米；青海、甘肃、宁夏等上游省份工业用水效率较低，万元工业增加值用水量约为20立方米。

沿黄九省区农业用水效率与全国平均水平持平。从农田灌溉水有效利用系数来看，除青海、四川和山西外，其他省区农田灌溉水有效利用系数与全国平均水平相当或高于全国平均水平。特别是河南、山东两个下游省份，其农田灌溉水有效利用系数已远超过0.6。从耕地实际灌溉亩均用水量来看，青海、四川、甘肃、宁夏四个上游省份高于全国平均水平，这是因为青铜峡灌区、景电一期灌区、河套灌区等中上游灌区自然条件禀赋差、降水量少、蒸发量大，灌溉用水除维持作物生长外，还有生态补水的作用，继而导致种

植相同作物、采用相同节水设施，灌溉亩均用水量显著高于其他省区。

沿黄九省区人均生活用水量在全国处于较低水平。除四川外，2023年其他八个沿黄省区的人均生活用水量和人均城乡居民生活用水量均低于全国平均水平。人均生活用水量最低的是河南，仅为全国平均水平的66%。人均城乡居民生活用水量最低的是宁夏，是全国平均水平的67%。

表2–2　2023年沿黄九省区及全国用水效率情况（全省区范围）

地　区	万元GDP用水量/立方米	万元工业增加值用水量/立方米	耕地实际灌溉亩均用水量/立方米	农田灌溉水有效利用系数	人均生活用水量/（升/天）	人均城乡居民生活用水量/（升/天）
青海	65.4	24.9	432	0.509	143	95
四川	42.0	12.4	356	0.503	196	147
甘肃	97.6	18.8	421	0.582	119	94
宁夏	121.9	22.8	515	0.579	139	84
内蒙古	82.4	15.0	207	0.583	128	89
陕西	27.7	7.9	260	0.584	144	101
山西	27.1	9.5	167	0.571	120	90
河南	35.3	12.3	151	0.627	117	91
山东	24.3	11.5	158	0.650	118	88
全国	46.9	24.3	347	0.576	177	125

数据来源：根据《中国水资源公报2023》整理。

二、黄河流域能源发展现状

近年来，黄河流域在流域内乃至全国的能源供给地位不断提高。流域内传统能源和可再生能源资源均很丰富，煤炭基础储量占全国的73%，油气基础储量约占全国的34%，陆地80米高度风能资源技术开发量占全国的59%，集中式光伏电站开发潜力占全国的38%。基地型、规模化是黄河流域能源发展的主要形态，流域内分布有9个全国大型煤炭基地、6个千万千瓦级清洁高效大型煤电基地以及若干“沙戈荒”大型风电光伏基地。“西电东送”“北煤南运”能源基础设施也比较完善，已建在建特高压输送能力超过1.2亿千瓦，长距离铁路运煤能力超过20亿吨/年，陕京天然气管线输送能力达500亿立方米/年，源源不断地为全国更大范围的区域提供能源。

（一）传统化石能源资源开采利用重心

沿黄九省区原煤产量占全国的八成。黄河流域是我国煤炭生产潜力最大的区域，流域总面积约为80万平方公里，其中含煤区域超过35.7万平方公里。2022年沿黄九省区原煤产量共计36.3亿吨，占全国总产量的79.7%，相比2019年的70%提高将近10个百分点，黄河流域煤炭开采生产在全国的核心地位进一步巩固。在流域内，煤炭生产高度集聚在中游晋陕蒙宁四省区。2022年四省区原煤产量占流域内的比重达到93%，同2005年的70%相比提升幅度超过20%。其中位于“几”字弯“金三角”腹地的鄂尔多斯、榆林、朔州三市2022年的煤炭产量分别为7.79亿吨、5.82亿吨、2.17亿吨，产量居中国产煤市前三位，占全国煤炭总产量的比重超过1/3。流域内生产的煤炭40%用于流域外其他省份的能源需求，其中晋陕蒙宁四省区是我国煤炭调出的主要区域，近几年外调量大幅增长，2020年已经达到18亿吨。2022年，内蒙古外送煤炭为7.2亿吨，山西外送煤炭超过8亿吨，占全国跨省外送煤炭的2/3以上。

沿黄九省区火电装机量和发电量占全国的四成。2023年，火电装机量和发电量分别为52796万千瓦、23450亿千瓦时，占全国火电总装机量和总发电量的比重分别为38.0%、38.4%。随着火电转向备用调峰电源，沿黄各省区近几年火电利用小时数下降明显，火力发电量占全国的比重增长不多，保持在四成水平。黄河中游的内蒙古、山西火电装机量分别居全国第一位、第六位。黄河中游地区火电以外送为主，我国有9个以电力外送为主的千万千瓦级清洁高效大型煤电基地，其中6个分布于黄河中游“几”字弯地区，包括山西煤电基地（晋北、晋东、晋中）、鄂尔多斯煤电基地、陕北煤电基地和宁东煤电基地。黄河下游的河南、山东也是火电大省，2023年山东火电装机量和发电量均位居全国第二，河南的火电装机量位列第七。同中游火电大省不同，下游两个省份的火电均以满足本地自用为主。

沿黄九省区油气产量占全国的比重保持在三成左右。黄河流域有包括柴达木油气基地、鄂尔多斯油气基地、中原油田基地、渤海湾油气基地在内的多个大型油气生产基地。近年来流域油气生产基本稳定，产量合计约1.15亿吨油当量，占全国的比重维持在三成左右。2022年沿黄九省区原油产量合计6489.2万吨，全国占比约为32%。位于鄂尔多斯盆地和渤海湾盆地的陕西、山东两省的原油产量遥遥领先，两省原油产量分列全国第四位、第五位，占全流域总产量接近80%。2022年沿黄九省区天然气产量合计1377.5亿立方米，全国占比约为63%。被蒙南、陕北、甘肃和宁夏东部、晋西环抱的鄂尔多斯盆地是常规油气的主要产区，其油气生产当量居全国首位，是“西气东输”工程的重要气源地。截至2022年底，鄂尔多斯盆地内的石油已连续12年年均新增探明储量超3亿吨，天然气已连续16年年均新增探明储量超2000亿立方米。同时，黄河流域在未来也将成为非常规油气增储上产的重要地区。在致密油气方面，鄂尔多斯盆地东缘致密砂岩气资源较为丰富，致密油、致密气可采资源量预估分别达到3.5亿吨和7.1万亿立方米。在煤层气方面，山西煤层气以浅层为主，资源储量约为10.4万亿立方米，占全国储量的1/3，97%以上分布在沁水、河东两大煤田。

（二）现代煤化工产业发展的核心区域

黄河流域是我国重要的现代煤化工产业聚集区域，流域内的内蒙古鄂尔多斯煤化工基地、宁夏宁东煤化工基地、陕西榆林煤化工基地、山西煤化工基地在全国煤化工领域占据着举足轻重的地位。石油化工产业主要分布在鲁、陕、甘等省份，汽油、煤油、柴油等主要油气炼化产品产量合计占全国的比重分别为30%、10%和30%。黄河流域油气炼化并不在全国重点部署范围内①，同煤化工相比石油化工的重要性略弱。

沿黄九省区集聚了全国约80%的煤化工企业，电石、焦炭、合成氨等传统煤化工产品产量占全国的比重均超过一半。目前，已经形成了煤焦化、煤气化产业链及相关产品系列，煤基烯烃、甲醇、乙二醇等现代煤化工产品已形成规模优势。省级层面，全国100%的煤制油产能分布在晋陕蒙甘宁五省区，煤制天然气、煤制烯烃、煤制乙二醇、甲醇等其他煤化工产品也均有55%以上的产能位于“几”字弯五省区。地级市层面，煤制油主要分布在银川、鄂尔多斯、榆林三市，产能合计707万吨，占五省区总产能的86%，其中，宁东基地拥有全国单套最大规模400万吨的煤制油装置；煤制烯烃主要分布在银川、包头、鄂尔多斯、榆林、延安，产能合计937万吨，占五省区的87%；煤制乙二醇主要分布在鄂尔多斯、榆林、延安、临汾，产能合计408万吨，占五省区的64%；煤制天然气生产主要分布在包头，产能约14.2亿立方米，占五省区的比重为19%。在2024年中国石油和化工企业500强中，黄河流域企业占多数，其中山东超过100家，位列全国第一，综合实力领先其他省区。

（三）可再生能源开发利用呈加速态势

黄河流域风能、太阳能资源丰富，沿黄九省区风电、太阳能发电并网装

① 中国七大世界级石化产业基地包括大连长兴岛、河北曹妃甸、江苏连云港、浙江宁波、上海漕泾、广东惠州和福建漳州古雷。

机容量近几年维持在40%以上的水平。2023年，沿黄九省区风电装机量、发电量分别为2.15亿千瓦、4109亿千瓦时，占全国风电总装机量、总发电量的比重分别为48.8%、46.4%，同2022年相比分别增长24.3%和19.0%，内蒙古、山西、山东位居前三。太阳能发电装机量、发电量分别为2.43亿千瓦、2593亿千瓦时，全国占比分别达41.8%、46.5%，同2022年相比分别增长39.9%和44.5%；山东、河南、青海装机量排名前三，而山东、青海、内蒙古在发电量上流域排名前三。从开发模式上看，黄河流域可再生能源开发利用呈现出明显的中上游集中式、下游分布式特征。

中上游基地式、规模化发展加速。2022年，国务院办公厅转发国家发展改革委、国家能源局制定的《关于促进新时代新能源高质量发展的实施方案》（国办函〔2022〕39号）提出，要加快推进以沙漠、戈壁、荒漠为重点的大型风电、光伏基地建设。黄河中上游省区为“沙戈荒”大型风光基地建设重心。在第一批建设项目名单中，青海、甘肃、宁夏、内蒙古、陕西被批复的“沙戈荒”区域项目装机容量分别达到1090万千瓦、655万千瓦、300万千瓦、800万千瓦和900万千瓦，占第一批项目批复总容量97.05吉瓦的30%以上（见表2-3）。2022年国家能源局批复发的第二批大型风光基地建设项目也主要布局在我国西北五个省份，除新疆外，内蒙古、宁夏、青海、甘肃均位于黄河流域。

表2-3　黄河中上游第一批“沙戈荒”风电光伏基地项目情况　单位：万千瓦

省　份	项目名称/区域	项目容量
内蒙古	昭沂直流外送	400
	托克托外送	200
	库布其光伏治沙	200
	总计	800

续表

省　份	项目名称/区域	项目容量
青海	青豫直流外送一期	340
	青豫直流外送二期	190
	海南光伏	300
	海西光伏光热	160
	海西茫崖风电	100
	总计	1090
甘肃	武威张掖光伏治沙	150
	河西酒泉风光热	285
	河西酒泉金塔光伏	100
	河西酒钢风光	120
	总计	655
陕西	陕北陕武外送	600
	陕北锦界府谷外送	300
	总计	900
宁夏	银东直流外送	100
	灵绍直流外送	200
	总计	300

资料来源：根据《国家发展改革委办公厅、国家能源局综合司关于印发第一批以沙漠、戈壁、荒漠为重点的大型风电光伏基地建设项目清单的通知》整理。

下游分布式光伏、分散式风电发展初具规模。黄河下游的河南、山东两省主要通过分布、分散的方式发展光伏发电和风电。在分布式光伏方面，自2019年开始，山东分布式光伏装机量超过集中式光伏装机量，成为光伏主体。目前，山东分布式光伏发电累计装机量超过30吉瓦，位居全国第一。山东的分布式光伏以户用为主。2021年，国家能源局公布了全国光伏整县推进试点名单，山东省入选县总开发规模为3685万千瓦，入选县数量、装机容量均居全国第一位。在分散式风电方面，中国可再生能源学会风能专业委员会（CWEA）统计，2022底我国分散式风电装机量累计1344万千瓦，相关项目分布在19个省区。其中，河南分散式风电项目中标量和装机量均居全国首位，装机量占全国分散式风电总装机量的近1/3。2022年以来，国家能源局先后出台诸如推动风电项目由核准制调整为备案制，豁免部分分散式风电项目的电力业务许可证等促进分散式风电开发利好政策，黄河流域分散式风电开发将进入快车道。

为实现对风电、光伏等可再生能源发电的灵活性调节和稳定性支撑，黄河流域同时积极发展抽水蓄能和新型储能。在抽水蓄能方面，流域纳入中长期建设规划的抽水蓄能规模较大。由于黄河流域中上游地区径流较为丰沛、地域比较开阔、地形起伏大、地广人稀，抽水蓄能在选址上具有便利条件。黄河流域中上游目前已建抽水蓄能装机容量为240万千瓦，在建抽水蓄能装机容量为530万千瓦。纳入“十四五”及中长期规划储备站点装机容量达到7775万千瓦，全国占比接近30%。在新型储能方面，根据国家能源局统计，截至2023年底，我国已建成投运新型储能项目累计装机量达3139万千瓦/6687万千瓦时，2023年新增约2260万千瓦/4870万千瓦时，是2022年的3.6倍、2020年的10倍。2023年，全国总计有11个省区累计装机规模超百万千瓦，涉及黄河流域的有4个省区，山东、内蒙古、甘肃、宁夏分别位居全国第一、第二、第四和第六位。

三、黄河流域粮食生产情况

（一）我国小麦和玉米重要生产区域

自古至今，黄河流域一直是我国粮食的重要产区，黄淮海平原、汾渭平原、河套灌区都是我国的农产品主产区，誉为“中华粮仓”。2022年，沿黄九省区粮食总产量达到2.38亿吨，占全国粮食总产量比重为34.67%，近几年一直稳定在35%左右；粮食播种面积为42429.3千公顷，全国占比为35.86%。稻谷、小麦和玉米是我国主要粮食作物，而黄河流域是小麦和玉米的重要产区。2022年，沿黄九省区小麦、玉米总产量占全国的比重分别达到57.12%、42.00%，远高于10.66%的稻谷产量比重（见表2-4）。2022年沿黄九省区小麦产量前三的省份为河南、山东、陕西，玉米产量前三的省份为内蒙古、山东、河南。黄河流域的小麦和玉米按生产播种时间分为冬小麦和春小麦、夏玉米和春玉米，黄河中下游平原主要种植冬小麦和夏玉米，而黄河中上游主要种植春小麦和春玉米。水稻种植较少，主要集中在山东及宁夏两省区。

表2-4　2022年沿黄九省区及全国粮食生产情况

地　区	粮食产量/万吨	稻谷产量/万吨	小麦产量/万吨	玉米产量/万吨	豆类产量/万吨	粮食播种面积/千公顷
青海	107.3	0	36.9	14.8	3.5	303.5
四川	3510.5	1462.3	249.7	1046.2	145.4	6463.5
甘肃	1265.0	1.5	296.9	664.2	37.5	2699.8
宁夏	375.8	23.7	27.3	276.6	3.9	692.3
内蒙古	3529.1	90.2	126.4	3098.4	259.7	6951.8
陕西	1297.9	73.3	429.8	616.8	37.1	3017.5
山西	1380.4	1.5	245.2	1021.1	24.3	3150.3
河南	6789.4	479.2	3812.7	2275.1	88.5	10778.4
山东	5543.8	90.6	2641.2	2630.4	59.2	8372.2
全国	68652.8	20849.5	13772.3	27720.3	2351.0	118332.0
沿黄九省区占全国的比重/%	34.67	10.66	57.12	42.00	28.03	35.86

数据来源：根据中国及各省2023年统计年鉴数据整理。

（二）保障全国粮食安全地位不断提升

诸多研究表明，我国粮食生产重心不断向北方和西部移动，呈现“北进”“西进”特征。2015—2020年，沿黄九省区粮食种植面积在全国占比上升了0.3个百分点。从流域内部看，粮食生产重心表现出较明显地向西北移动的趋势，据全国耕地“三调”数据显示，同“二调”相比，仅内蒙古、新疆、东北三省等耕地面积有所增加。王志鹏等[47]研究指出，1990—2020年期间，虽然从粮食产量上看，黄河下游显著高于中游、上游，但粮食产量的增加规模则呈现出上游最多、中游次之、下游最少的局面。

展望未来，黄河流域对国家粮食安全保障的地位只增不减。当前，南方地区受到土地资源和农业劳动力资源的限制，粮食增产空间有限，东北地区粮食生产受到耕地质量变化和生态环境保护等因素的制约，未来增长空间也有限，而华北地区长期受到地下水严重超采、水资源严重短缺困扰，粮食生产受的制约也较大。西北地区包括黄河中上游地区，仍然可以通过技术进步、生产组织方式优化等进一步提高农业生产效率，且具备条件优良的耕地后备资源可供开发，具备持续增粮能力。

（三）四个主产区省份承担了大量粮食外调任务

2003年，我国划定了13个省份为粮食主产区（见表2-5），其中河南、山东、内蒙古、四川4个沿黄省份为我国粮食主产区。粮食主产区的粮食生产处于第一梯队。众多研究显示，河南、山东、四川、内蒙古4个省份的农业生产韧性处于全国前列。

表2–5　中国各省粮食生产功能定位

功能定位	具体省份	数量/个
粮食主产区	黑龙江、吉林、辽宁、内蒙古、河北、河南、山东、江苏、安徽、江西、湖北、湖南、四川	13
粮食主销区	北京、天津、上海、浙江、福建、广东、海南	7
粮食产销平衡区	山西、宁夏、青海、甘肃、西藏、云南、贵州、重庆、广西、陕西、新疆	11

资料来源：李冰.动能转换推动中国农业高质量发展问题研究［D］.长春：吉林大学，2023.

粮食主产区粮食产量高、种植比例大，在保证自给的同时还能大量调出商品粮。河南被誉为“中原粮仓”，用占全国6%的耕地，生产出了中国10%的粮食；小麦种植面积居全国第一位，产量占全国的1/4；每年外调出原粮及制成品达600多亿斤，是全国第一小麦调出省份；全国7/10的水饺、1/3的方便面、1/4的馒头都产自河南，河南小麦的输送地主要为粤港澳、长三角、京津冀等地区。内蒙古是国家耕地保有量过亿亩的4个省区之一，每年约有400亿斤粮食调往区外，主要向山东及南方省份运输玉米。山东每年可向社会提供商品粮达800亿斤以上，它不仅是粮食种植大省，更是粮食产业大省，粮食产业总产值连续多年位居全国第一，2022年农业总产值在全国各省份中率先迈过万亿元大关。

第三章
黄河流域水、能源、粮食的耦合关联特征

一、黄河流域能源发展用水特征

（一）能源是黄河流域工业领域中重要的取用水部门

近20年来，黄河流域由于能源生产规模持续扩大，对全国能源供应支撑能力不断增强，能源产业用水量在飞速增长。以黄河中上游为例，据中国水利水电科学研究院估算，2023年相关省区能源产业用水量总计约32亿立方米，相比2000年增长3倍有余。黄河流域能源产业用水总量虽然不大，但比重上升很快，能源产业用水占比在2000—2023年由1.3%升至5.8%，占工业用水量的比重也从1/3增长至50%以上。

在能源细分部门中，取耗水集中在煤炭产业链条。煤炭开采、火电和煤焦化用水量占比居前三位，分别占到25.2%、21.5%和13.8%。煤炭开采的耗水量占比最高，2020—2022年总计超过50亿立方米，耗水总量居前三位的省份为内蒙古、陕西、山西，分别占耗水总量的37%、29%、23%；吨煤水耗居前三位的是宁夏、陕西和内蒙古，分别为5.95、2.55和2.03立方米/吨。2020—2022年燃煤发电耗水总量约为23亿立方米，位居第二，高能耗、占地大的问题限制了空冷等深度节水技术在黄河流域的推广空间，致使近几年

燃煤发电的水耗也在不断增加。除一、二次能源本身外，作为煤炭产业链下游的重要行业，现代煤化工产品的高水耗不容小觑，2020—2022年黄河流域煤化工年耗水量约为6亿立方米。典型煤化工产品的单位水耗普遍较高，基本超过10立方米/吨。煤化工单体项目通常规模较大，其年耗水量也能够达到500万～1000万吨。黄河流域煤化工耗水主要集中在宁夏、内蒙古、陕西和山西，占黄河流域工业用水的比重达9%～18%。

（二）能源产业用水效率总体上达到国内先进水平

黄河流域工业、能源用水效率处于国内外较为先进的水平。2023年，除青海外，其他八省区万元GDP工业增加值用水量均低于全国平均水平（见图3-1）。其中，黄河中游的陕西、山西约为全国平均水平的1/3，四川、内蒙古、河南、山东等处于全国平均水平的50%～60%；甘肃、宁夏在全国平均水平的80%～95%。

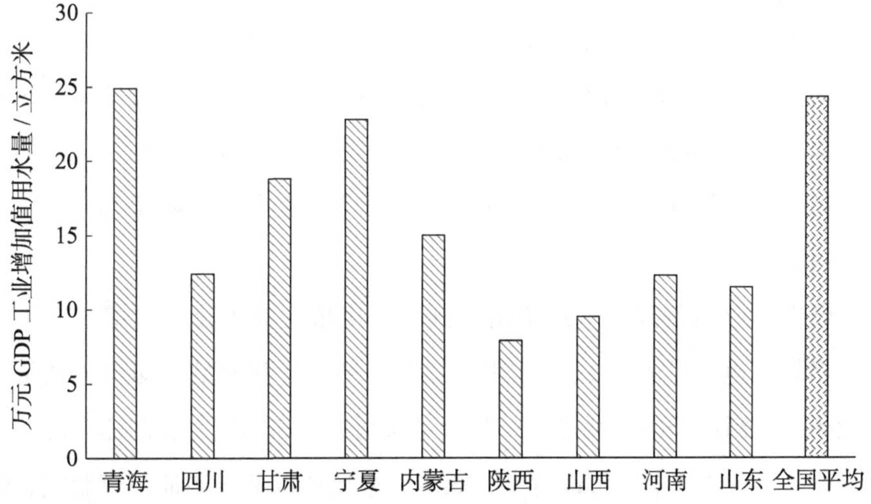

图3-1 2023年沿黄九省区及全国工业用水效率

资料来源：根据《中国水资源公报2023》绘制。

具体到能源品种上，在煤炭开采方面，黄河中上游重点煤炭基地的煤炭开采方式主要是井采，露天开采的数量不足总量的20%，井工开采用水量相当于露天煤矿开采用水量的2/3，因此，煤炭开采单位水耗普遍较低。经调研统计，内蒙古、山西、陕西煤炭开采用水效率为0.2立方米/吨，处于国内先进水平。在燃煤发电方面，黄河流域煤电机组已全部为循环冷却或空冷机组，循环冷却用水效率达到了国内先进水平，空冷机组比同等规模条件下湿冷火力发电机组节约用水75%以上。黄河流域煤电新建项目几乎全部采用了世界上最为节水的超超临界燃煤空冷机组。在现代煤化工产业上，作为我国的化工产业特色，黄河流域几个能源化工基地的技术储备十分丰富，基本处于国际先进水平。与此同时在黄河流域水资源短缺的制约下，企业也在探索节水提效的新路径。

（三）需要重视部分可再生能源对水资源的消耗

通常采用水足迹来衡量技术或产品全生命周期的水资源消耗情况，水足迹又可划分为蓝水足迹、绿水足迹和灰水足迹。前两者用于衡量消耗型水利用，其中蓝水足迹指对地表水或地下水的消耗，绿水足迹主要针对农作物而言，指作物蒸腾（发）水量。灰水足迹衡量稀释型水利用，具体指为达到排放水环境要求所需的稀释水污染物浓度的量，反映了其对水生态环境的影响。

煤炭产业链条按总水足迹由高到低排序依次为煤化工、煤炭开采生产、燃煤发电（见表3-1）。在现代煤化工中，按蓝水足迹即水消耗量标准判断，煤制烯烃的水耗最大，其次是煤制油，煤制气、煤制乙二醇的水耗较低。从表3-1中还可以看出，煤炭开采生产以及煤制油、煤制气、煤制乙二醇等的灰水足迹显著大于蓝水足迹，反映其对水环境的污染破坏不容小觑。

表3-1　煤炭产业链条水足迹

具体形式		蓝水足迹	灰水足迹	总水足迹
煤炭开采生产（含开采与选洗加工）/（吨/吨）		4.20	32.78	37.88
燃煤发电（不含煤炭开采生产）/（吨/兆瓦时）		1.48 ～ 9.00	0.72	2.20
煤化工	煤制油/（吨/吨）	19.32	94.81	114.13
	煤制气/（吨/吨）	9.53	61.76	71.29
	煤制烯烃/（吨/吨）	22.00 ～ 28.00	—	39.44
	煤制乙二醇/（吨/吨）	9.35	45.60	54.95
	煤制甲烷/（吨/千标准立方米）	—	—	11.71

油气相关的产业链条包括油气开采和燃气发电。油气开采又分为常规油气开采和非常规油气开采。总体而言，非常规油气开采的总水足迹显著高于常规油气开采，这与页岩油、页岩气等开采用到水力压裂技术密切相关（见表3-2）。石油和天然气两者比较，无论是常规开采还是非常规开采，石油的水足迹都大于天然气的。燃气发电的水足迹相对最低，说明其在化石能源中是一种水资源友好型的发电形式。

表3-2　油气产业链条水足迹

具体形式		蓝水足迹	灰水足迹	总水足迹
常规石油开采/（吨/吨）		7.02 ～ 10.46	0.67	7.69 ～ 10.46
常规天然气开采/（吨/吨）		3.00 ～ 5.29	0.51	3.51 ～ 5.29
非常规油气开采	页岩油/（吨/吨）	—	—	9.28 ～ 29.40
	页岩气/（吨/吨）	—	—	2.47 ～ 40.13
燃气发电/（吨/吨）		—	—	0.047 ～ 1.362

在可再生能源发电中风电、光伏发电、地热能发电的总水足迹相比之下较低，水资源净消耗低，对水生态环境破坏的影响也较小（见表3-3）。

水电和抽水蓄能因为把水存蓄起来导致蒸发量增大，算作水资源消耗量，因此总水足迹高达7.5升/千瓦时，比煤电还要高出2.4倍。光热发电作为光伏发电外的的一种太阳能发电形式，对水资源的消耗远大于光伏发电，其平均水足迹为2.185升/千瓦时，几乎同煤电相当。对于生物质而言，如果生物质焚烧发电和制成液体燃料的原料来源于专门种植的能源作物，则应考虑作物种植生长阶段需水（即绿水足迹），从而导致总水足迹较高。生物质焚烧发电的水足迹为42.12升/千瓦时，远远高于煤电水足迹，前者为后者的19倍；燃料乙醇的平均水足迹为40升/兆焦，超出常规化石汽油水足迹的50%以上。制氢水足迹同制备原料和方式密切关联，煤制氢气的水足迹最高，其次是天然气制氢，最低为可再生能源电解水制氢（绿氢）。

表3-3　可再生能源发电水足迹

具体形式		数　值	平均值
太阳能发电	光伏发电/（升/千瓦时）	0.09 ～ 0.38	0.235
	光热发电/（升/千瓦时）	0.7 ～ 3.67	2.185
风电/（升/千瓦时）		0.005 ～ 0.045	0.025
水电（抽水蓄能）/（升/千瓦时）		1.8 ～ 13.2	7.5
地热能发电/（升/千瓦时）		0.982	0.982
生物质	生物质供热/（升/兆焦）	0.8 ～ 3.6	2.2
	生物质焚烧发电/（升/千瓦时）	42.12	42.12
	燃料乙醇/（升/兆焦）	30 ～ 50	40
制氢	煤制氢气/（吨/吨）	50 ～ 100	75
	天然气制氢/（吨/吨）	7.6 ～ 37	22.3
	绿氢/（吨/吨）	22 ～ 32	27

（四）需要更加重视能源发展对水生态环境的破坏干扰

随着沿黄能源企业的节水意识不断提高，以及能源生产节水技术的广泛应用，能源对水资源量的净消耗的影响实质上是在不断降低的。然而，由于水系统是一个大尺度循环系统，不能完全从量的角度来评价对水资源的影响，需要重视水质、水赋存形式的改变通过水循环影响到水资源的利用，更加关注能源生产对水环境、水生态的负面影响。

煤炭开采利用既破坏地下水又产生污染。一方面，煤炭开采疏干地下水影响了地表水资源利用，致使地下水位大幅度下降，浅中层水井干涸。例如，山西太原、大同的地下水沉降漏斗均是因此引起的。当矿井高程低于附近河底高程时，基流向矿井汇集，致使河道枯季径流量锐减。当煤炭开采区发展到一定规模时，地面出现裂缝或产生大面积塌陷区，使地表径流量减少。另一方面，煤炭开采也会产生显著的水质污染，煤矸石是煤炭开采初加工产生的主要固废种类，每年排放量巨大，由于未及时综合利用造成堆存量也较为可观。据不完全统计，我国煤矸石累计堆存量达50亿吨。除无机盐污染物外，煤矸石还含有多种重金属，这些物质经雨水冲刷淋滤后会直接进入水循环系统，造成大面积的地表水及地下水污染。此外，由于矿山疏干排水引起的地下水位降低，引起周边地下水径流动力改变，水位较高的污水补给水位较低的水质较好的含水层，造成污染扩散至更大范围。例如，对山东滕州煤矿监测发现，煤矿开采废水对地下水影响范围将扩大至20倍的开采区面积。

油气开采生产对地下水污染和生态破坏干扰风险较高，一旦发生泄漏，危害极大。黄河流域存在数量较多的、开采时间较长的油田，油田设施因长时间处于高矿化度、高温高压的环境易出现因封闭性不佳而泄漏的情况，从而导致有较高的污染风险。为提高采收率，采油过程会使用如溶液、聚合物、表面活性剂等驱油物质，在增产的同时也增加了腐蚀损害管路的风险。此外，山西、内蒙古的非常规油气开发中所使用的水力压裂增产技术相比传统油气开采，不仅水资源消耗量更大，对地表水和地下水的破坏污染风险也更高，这主要是因为水力压裂增产技术采排液中含有大量化学试剂、重金属及溶解性总固体等物质，若处理不当外排会造成地表水污染，同时采排液回注地下容易发生泄漏现象。

水电、抽水蓄能等开发也被证明会对水生态造成不利影响。以黄河上游水电集中开发区为例，上游梯级水电多为引流式水电站，若调度不科学，会引起某些水电站之间河道断流，致使河道正常水生态系统的功能难以为继，该河段的土著鱼类生存也会受到影响，导致生态恶化。

（五）黄河流域能源电力的外送外调输出大量虚拟水

第一产业和第二产业是黄河流域虚拟水消耗的主要产业。同用水量的特征相似，黄河流域以农业生产为代表的第一产业虚拟水占比大，但以工业为代表的第二产业虚拟水在过去十年间的增幅最大、增长最快。

能源产业是第二产业虚拟水流动的代表。据测算，2023年沿黄九省区输出本省区外的能源所引致的耗水量达到21.32亿立方米，集中在山西、内蒙古、山东、陕西四省区，分别为5.4亿立方米、5.3亿立方米、4.1亿立方米和3.9亿立方米。内蒙古、陕西、山西为西电东送起点和煤炭主产区，向区外主要输送电力和煤炭，而山东则主要输送油气。在各能源品种中，电力外送带来的虚拟水转移占比最大，约为72%，以内蒙古、山西、宁夏、甘肃、陕西等省区为主。其中，内蒙古是电力外送虚拟水量最大的省份，外送省份主要有河北、江苏、辽宁。

二、黄河流域粮食生产用水特征

（一）粮食生产是用水主体，作物单产耗水量较高

2023年，沿黄九省区中的青海、四川、陕西、山西、河南、山东的粮食生产用水量占全社会用水量的比例都在50%左右，甘肃、内蒙古和宁夏甚至超过65%（见图3–2）。粮食生产相比林牧渔畜业、工业、生活、生态和其他行业，是最主要的用水部门。

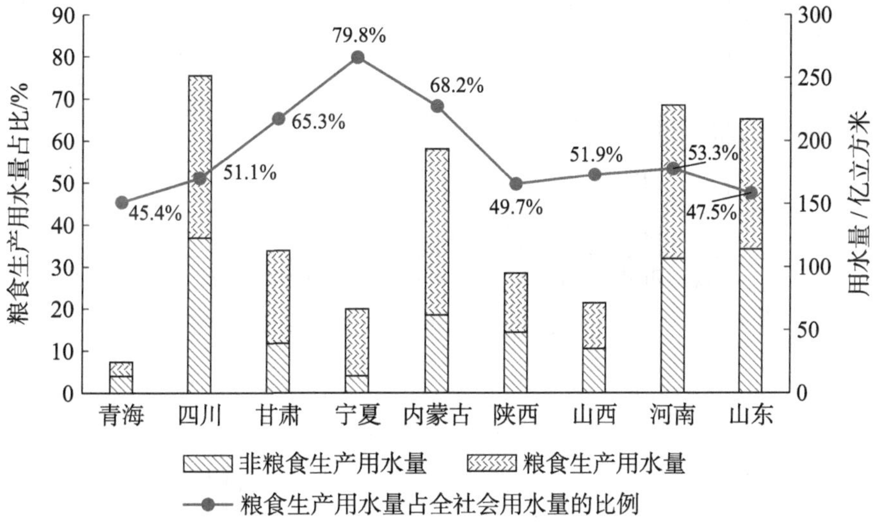

图3–2　2023年沿黄九省区粮食生产用水量及占比

数据来源：根据各省区2022年水资源公报、《中国水利统计年鉴2023》、《中国农村统计年鉴2023》绘制。

如前所述，在我国4种主要粮食作物中，黄河流域以种植小麦和玉米为主。2022年除四川和青海外，其余七省区的小麦和玉米产量占本省区粮食总产量的比重均在75%以上，远超过全国平均60%的产量比例。近20年来，沿黄省区生产小麦和玉米的比重不断增加。2001—2022年，除四川外，其余

省份小麦和玉米产量占粮食总产量的比重均有提高，青海、甘肃、宁夏、内蒙古、山西的增长幅度超过10个百分点（见图3–3）。各主要粮食作物单产耗水量由高到低大约为大豆>小麦（冬、春小麦平均）>水稻>玉米>马铃薯。黄河流域小麦的单产耗水量高于全国平均水平，玉米的单产耗水量与全国平均水平基本相当（图3–4）。随着两种作物产量的增加和比重的提升，黄河流域粮食生产平均单产耗水量仍将会处于较高水平。

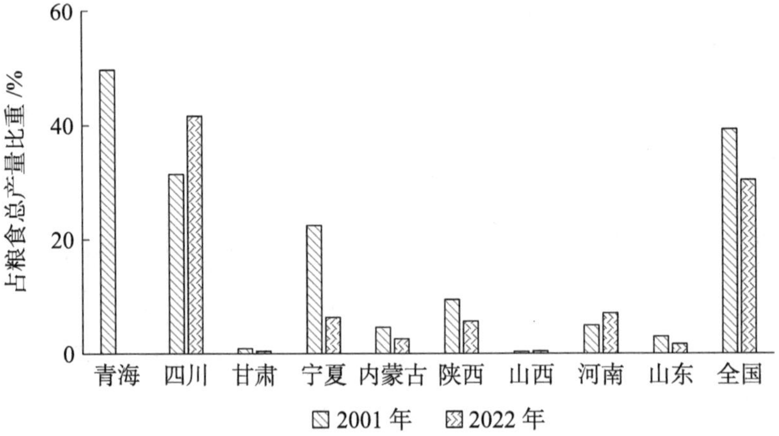

（a）稻谷

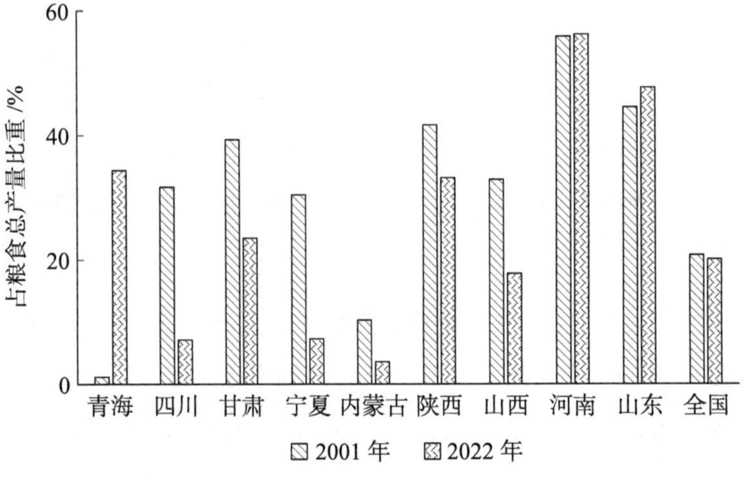

（b）小麦

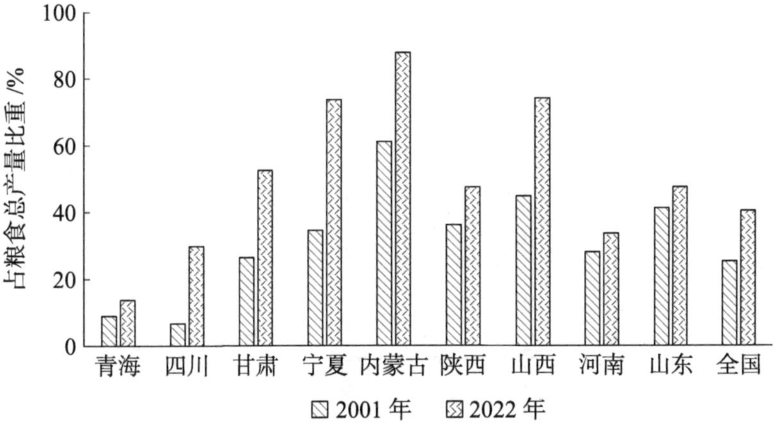

（c）玉米

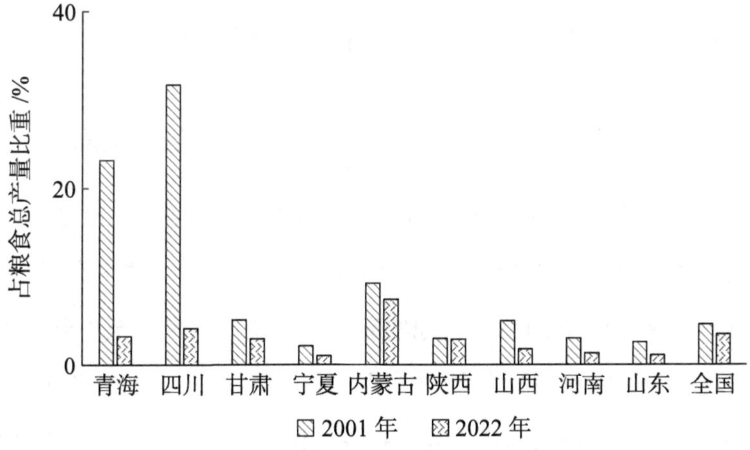

（d）豆类

图3-3　2001—2022年沿黄九省区主要粮食作物产量比重变化

数据来源：根据《中国统计年鉴2023》、各省2023年统计年鉴绘制。

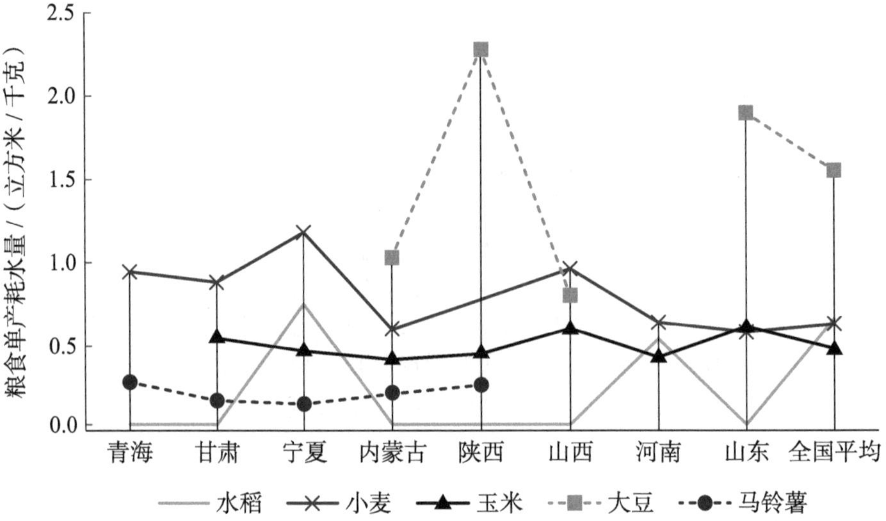

图 3–4　沿黄九省区主要粮食作物单产耗水量

（二）农业灌溉用水效率有提升，但仍有较大进步空间

经过不断努力，黄河流域九省区的耕地实际灌溉亩均用水量不断下降，中上游地区省份的下降趋势更为明显（见图3–5），而中下游省份的灌溉效率高，山西、河南、山东2023年耕地实际灌溉亩均用水量甚至不到全国（347立方米）的一半。农田灌溉水有效利用系数也持续提升，2023年绝大多数沿黄省区的农田灌溉水有效利用系数保持在全国平均水平左右，下游河南、山东的系数甚至比全国平均水平高出0.05 ～ 0.07。

黄河流域通过实施一系列农业深度节水控水措施，各地高水效农业有了较大发展。"十三五"以来，黄河流域高效节水灌溉面积逐年增加，达到249.7万公顷，占有效灌溉面积的39.1%，其中管灌面积占24.3%，喷灌面积占5%，微灌面积占9.8%。灌溉用水效率有所提高，据水利部黄河水利委员会介绍，流域灌溉亩均用水量从420立方米下降到288立方米。农业灌溉对地下水的依赖程度也在不断降低，地下水灌溉水量占总灌溉用水量比重在

1998—2022年期间下降幅度15个百分点以上，亩均地下水灌溉耗水率也逐年降低。

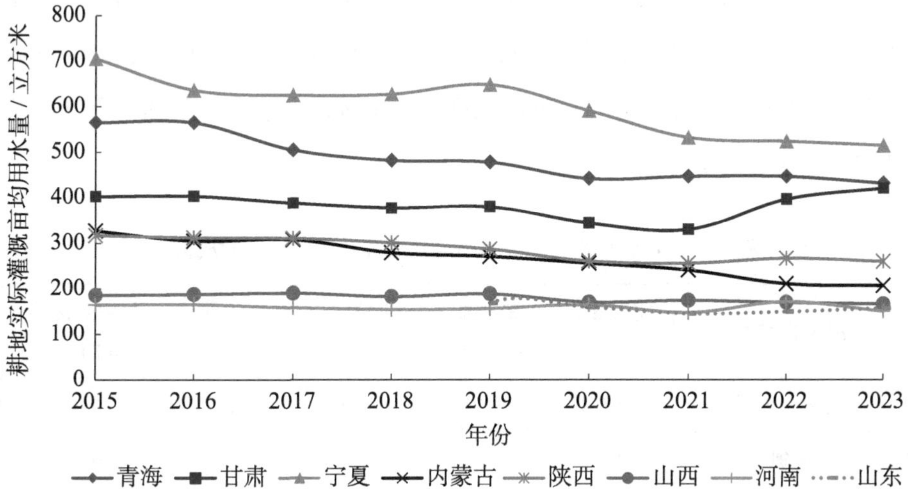

图3-5　2015—2023年黄河流域各省区（除四川外）耕地实际灌溉亩均用水量

数据来源：根据全国、沿黄九省区历年水资源公报相关数据整理绘制。

注：未查询到山东省2015—2018年耕地实际灌溉亩均用水量公开数据。

尽管黄河流域农业用水效率与全国平均水平基本相当，但是由于我国农业用水效率总体不高，农田灌溉水有效利用系数低于欧美平均水平（0.6），也远低于俄罗斯和澳大利亚的水平（0.7），同农业节水程度最高的以色列相比相差0.35，因此，黄河流域作为水资源匮乏地区，其用水效率对标国际上发达或先进国家、地区还有较大的提升空间。中游省份的节水潜力较大，方兰等[48]研究发现，黄河流域农业水资源综合利用效率符合“U”形曲线趋势，当前正处于改善过程中，但各省区之间的发展趋势并不相同，甘肃、宁夏、内蒙古和山西仍然有很高的节水潜力。

（三）农业面源污染是黄河流域最主要的水污染

农业面源污染是我国水污染的主要来源。在化学需氧量（COD）、氨氮（NH_3-N）、总氮（TN）、总磷（TP）4种主要水污染物中，除氨氮外，农业源污染对其他3种污染物的贡献占比都超过50%，占总磷污染的比重甚至超过80%（见表3-4）。

表3-4　2022年全国主要水污染物排放和各污染源构成情况

污染物种类	排放量/万吨	农业源比重/%	工业源比重/%	生活源比重/%	集中式治污设施/%
化学需氧量	2595.8	68.79	1.42	29.75	0.04
氨氮	82.0	34.23	1.71	63.95	0.11
总氮	317.2	54.98	2.87	42.09	0.06
总磷	34.6	80.27	0.58	19.12	0.03

数据来源：生态环境部《2022年中国生态环境统计年报》。

黄河流域农业面源中的化学需氧量、总氮、总磷污染特别严重。据全国第二次污染源普查结果，沿黄九省区农业源化学需氧量、总氮、总磷排放量分别占全国农业源污染排放总量的63.29%、42.67%、64.25%[49]。在化学需氧量方面，河南、山东的排放总量分别居全国第一、第六位，甘肃、宁夏、内蒙古、山西等中上游省份的农业源化学需氧量排放占总排放量的比重较大，均超过80%。在总氮方面，河南、四川、山东排放总量分别居全国第四、第五和第八位，甘肃、宁夏、内蒙古等省份农业源总氮排放比重大，均超过70%。在总磷方面，河南、四川、山东排放总量分别居于全国第五、第八和第十一位，青海、甘肃、宁夏、内蒙古农业源总磷排放比重大，均超过90%。

农药、化肥、农膜等农业投入品过量和不规范使用是造成总氮、总磷等污染突出的主要原因。对标国内总化肥施用强度小于250千克/公顷的评价标准以及欧美发达国家对于氮肥、磷肥、钾肥的安全阈值（分别为125千克/公顷、62.5千克/公顷、62.5千克/公顷）[50]，沿黄九省区化肥施用强度存在超标现象。如表3-5所示，宁夏、内蒙古、陕西、山西、河南、山东的总化肥施用强度超标，陕西还在氮肥施用上超标。黄河流域分布有河套平原、汾渭平原、黄淮海平原等粮食主产区，这些区域中的灌区化肥施用强度大，农业面源污染负荷也最为集中。例如，河套平原中的河套灌区近年来化肥施用量高达1050千克/公顷，远高于352千克/公顷的全国平均水平[51]；巴彦淖尔市化肥施用量（折纯量）为31千克/亩，是国际安全施用水平15千克/亩的2倍，化肥利用率仅为40%[52]。

表3-5　2022年沿黄九省区化肥施用强度　　单位：千克/公顷

省　区	化肥类型	施用强度	省　区	化肥类型	施用强度
青海	磷肥	8.5	陕西	磷肥	40.8
	钾肥	1.7		钾肥	47.0
	化肥施用量	80.2		化肥施用量	461.0
	氮肥	32.4		氮肥	174.3
四川	磷肥	31.4	山西	磷肥	22.7
	钾肥	14.0		钾肥	20.5
	化肥施用量	199.9		化肥施用量	286.6
	氮肥	74.7		氮肥	51.2
甘肃	磷肥	35.2	河南	磷肥	48.8
	钾肥	18.2		钾肥	32.4
	化肥施用量	189.8		化肥施用量	404.6
	氮肥	73.1		氮肥	107.1

续表

省　区	化肥类型	施用强度	省　区	化肥类型	施用强度
宁夏	磷肥	33.6	内蒙古	化肥施用量	259.9
	钾肥	22.7		氮肥	86.6
	化肥施用量	310.2	山东	磷肥	28.0
	氮肥	115.2		钾肥	25.6
内蒙古	磷肥	23.2		化肥施用量	330.3
	钾肥	18.1		氮肥	89.6

数据来源：根据中宏数据库2022年区域农业数据整理。

（四）黄河流域粮食生产虚拟水总体为净输出

据测算，2023年黄河流域粮食输出区外带走的虚拟水为130亿立方米，总体为净输出。分省区看，内蒙古、河南、山东、甘肃、宁夏为粮食虚拟水净输出省份，其余为粮食虚拟水净流入省份。虚拟水流动格局同粮食生产的贸易格局高度一致。在粮食生产虚拟水净输出省份中，内蒙古虚拟水输出以玉米为主，占比高达65%，甘肃、宁夏类似；河南以玉米和小麦为主；山东同河南一致，粮食生产虚拟水输出以玉米和小麦为主，除流向省外还有相当部分流向国外。内蒙古还是大豆虚拟水净输出省份，主要流向广西。

相关研究还揭示了黄河流域九省区内部的粮食生产虚拟水流动格局[53]，河南到山西的粮食虚拟水、虚拟蓝水流动量高于其他省区间的对应通量。稻谷、小麦的虚拟水流动也是以河南到山西的流量最大，山东到甘肃的大豆虚拟水流量高于流域内其他省区间的流量，而黄河流域省间不存在玉米调运，玉米虚拟水流动量为0。

三、黄河流域水资源开发利用过程的用能特征

（一）用水环节能源消耗最大

如前所述，水资源开发利用过程主要包括取水、供水、用水、排水等阶段。根据相关研究，在取水阶段，地表水取水能耗强度为0.2千瓦时/立方米，地下水取水均需用到水泵，能耗强度要大于地表水，数值约为0.49千瓦时/立方米。供水阶段又分为制水和输配水，制水和输配水过程主要消耗的能源均为电能，能耗强度分别为0.26千瓦时/立方米、0.34千瓦时/立方米。在用水阶段，用水根据农业、工业、生活、生态环境等不同用途能耗强度差异较大，工业平均用水能耗强度为11.0千瓦时/立方米[54]，家庭生活用水能耗强度为20～30千瓦时/立方米；机关、学校等平均用水能耗强度为6千瓦时/立方米左右；医院、饭店等平均用水能耗强度为25～50千瓦时/立方米。在排水阶段，能源消耗主要发生在污水处理厂，也以电耗为主，其能耗强度为0.4～0.5千瓦时/立方米，再生水制备和利用的能耗强度为0.5～0.9千瓦时/立方米。

根据以上能耗强度计算黄河流域和沿黄九省区水资源开发利用各环节能耗。初步测算，2023年全流域水资源开发利用总能耗为9800万吨标准煤（按电力折标系数1.229吨标准煤/万千瓦时折算），占九省区总能耗的比重为6%。九省区水资源开发利用能耗占比差异明显，河南水资源开发利用能耗占比最大，达到8.7%，甘肃、陕西两省占比超过6.5%，山东为4.5%，宁夏、内蒙古、山西水资源开发利用能耗占比为2%～3%，青海、四川不到2%。从各环节构成看，用水环节的能耗占比最大，全流域平均达到89.1%，沿黄各省区的比重为78.5%～92.3%（见图3-6）。在工业生产、居民生活、城镇公共

等主要部门中，用水能耗主要发生在居民生活部门，2023年全流域居民生活用水能源消耗占用水环节总能耗的比重约75%，所有沿黄省区这一比重均超过50%。

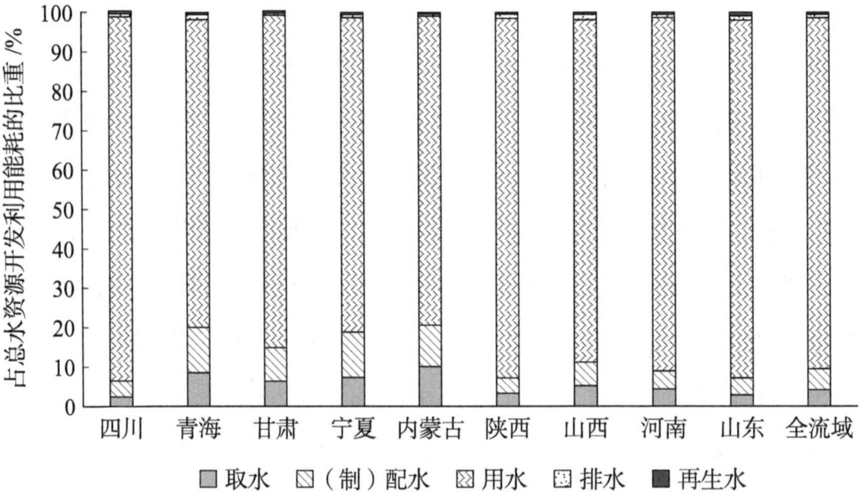

图3-6　黄河流域和沿黄九省区水资源开发利用能耗按各环节构成

（二）不同供水来源的制备（含取水）能耗差异显著

供水来源通常分为本地地表水、本地地下水、外调水和非常规水四类，前三类称之为常规水源。常规水源能耗强度与供输过程中所使用的引提、输送、处理的泵站数量密切相关。本地地表水的能耗强度一般为最低，这是因为本地地表水供水工程建成后往往利用地势重力差异进行供输水。其次是本地地下水，通常也仅需要一个或几个水泵，但是随着地下水不断开采，需要加深井的深度并使用更大功率的泵，或是由于地下水井干涸需要开挖新井，能耗强度因此比地表水高。调水工程因线路较长，为适应地形条件和克服重力差，需要使用数量较多的高能耗的水泵，造成能耗强度较高。例如，南水北调东线、中线均有50个左右的泵站。根据高津京[55]所采用的南水北调和引滦入津工程的单位距离输水能耗强度0.0045千瓦时/（立方米·千米）计算，黄河流域范围主要长距离调水工程的能耗强度为0.9～3.29千瓦时/立方米（见表3-6）。

表3-6　黄河流域主要调水工程能耗强度

工程名称	受水区	线路长度/千米	能耗强度/（千瓦时/立方米）
南水北调东线	北京、天津	342	1.539
南水北调中线	河南	731	3.290
引黄济青	山东	252	1.134
	河南	200	0.900
引黄入晋	山西	450	2.025

资料来源：姜珊. 水–能源纽带关系解析与耦合模拟［D］. 北京：中国水利水电科学研究院，2017.

非常规水源中，再生水制备和利用的能耗强度能为0.5～0.9千瓦时/立方米。据余娇[56]对郑州市水系统的碳排放研究成果，涵盖污水处理和污水回用的再生水制备能耗强度为0.9千瓦时/立方米，污水回用是再生水能耗强度的近2倍。世界资源研究所（World Resource Institute，WRI）在对青岛水源选择的“水–能源”关联分析研究[57]中测算了再生水、微咸水、海水淡化三种非常规水源能耗强度，显示再生水、微咸水、海水淡化的能耗强度分别为0.82千瓦时/立方米、1.4千瓦时/立方米、4千瓦时/立方米，后两者分别是再生水能耗强度的1.7和4.9倍。

矿井水是黄河流域一项非常重要的非常规水源。据王国栋等[58]研究，矿井水预处理过程包含的矿井水提升与处理、药剂配制投加与反应搅拌、煤泥输送与处理3个主要环节的能耗强度为0.423～0.661千瓦时/立方米。若矿井水后续用于工业、农业、生态甚至是居民生活，需采用膜处理、反渗透等深度处理工艺以满足高标准的水质要求，从而会进一步增加能耗。目前对于矿井水深度处理各种工艺的能耗研究成果较少，但鉴于黄河流域矿井水普遍具有高矿化度特征，可类比海水淡化的处理工艺和能耗强度。因此综合看，矿井水综合利用的能耗强度超过5千瓦时/立方米。

第二篇

评价篇

第四章
黄河流域“水-能源-粮食”耦合协调发展评价

一、“水-能源-粮食”耦合协调发展评价的理论框架

“水-能源-粮食”纽带关系复杂而密切，既相互依存又充满竞争，本书将协同共生理论作为“水-能源-粮食”耦合协调发展评价的理论框架。顾名思义，“协同共生理论”既包括“协同理论”又包括“共生理论”。

协同理论由德国物理学家哈肯（Hermann Haken）于20世纪70年代创立，哈肯将其定义为一个可以与外界进行自由交流的开放系统，基于一定的前提条件，通过内部各单一子系统之间的非线性的互动作用而最终产生特定功能，这样的一种有序自组织结构就是协同。协同理论中关于“协同”的解释：一方面突出子系统之间存在交互性、开放性的特点，通过与外部世界进行物质或能量的交换而形成有序的结构、适应的行为以及稳定的特征，本质上可以理解为子系统之间通过自我调节、自我配合等自组织特性形成协同作用；另一方面强调不同子系统都是平等的，都具有特定功能性，因而着重研究子系统之间产生的非线性互动关系。

共生理论由德国生物学家德贝里（Anton Debarry）在1879年提出。共生关系原本是生态学概念，但目前已经逐步扩展到社会建设、经济发展、金

融管理、资源管理等各个领域，其内涵外延不断丰富。共生通常是指在一定外部环境下，不同单元根据特定的共生模式所组成的特定关系，不同主体之间相互依赖的状态或结构也可以视为共生。在共生理论中，一个共生系统的基本元素包括共生单元、共生模式和共生环境。共生单元是构成共生关系的各个主体；共生模式（或共生关系）是指系统各子系统之间相互作用的方式，包括物质流、信息流的作用方式和强度等；共生环境则指的是时间、空间或者其他必需的外部关联等环境联系。相似的共生单元又可以组成共生子系统，共生子系统是构成系统共生关系的基本能量产生和交换的单位，是系统共生体产生的基本的物质条件。共生子系统的性质主要通过系统共生子系统内部参量进行描述。

基于上述概念，协同共生指在政策环境约束下，通过多边或双边的相互影响、相互作用形成不同程度的协同和可持续发展的格局，既是一种动态的过程，又是一种可塑结果，也是一种状态。对于“水－能源－粮食”系统而言，协同共生可以理解为水、能源、粮食等各共生子系统之间通过相互影响、相互作用而产生的不断控制、调整和反馈的演化过程，水、能源、粮食三种元素代表的子系统的稳定性、两两元素互相关联所体现的互馈性以及“水－能源－粮食”作为整体与外界环境互动产生的可持续性是“水－能源－粮食”协同共生关系的重要表征。因此，从稳定性、互馈性、可持续性三个方面出发构建“水－能源－粮食”耦合协调评价模型。

二、“水－能源－粮食”耦合协调发展评价指标体系

“水－能源－粮食”耦合协调发展评价的核心是模拟三种基本要素（或称子系统）、子系统之间、子系统与外部环境互动机制的定量关系，定量关系的前提是数据。因此，评价基础是构建“水－能源－粮食”耦合协调发展评

价指标体系，它是反映某一区域水、能源、粮食各方面相互依存、相互制约关系的数据的有机整体。

（一）评价指标选择原则

评价指标体系在构建时主要依据系统性、可度量性、代表性、层次性等原则。系统性原则体现了指标的全面性，在选取指标时尽可能覆盖“水－能源－粮食”纽带系统的各方面，包括但不限于某一地区水资源条件、水资源配置格局、水资源开发利用程度、水资源管理水平、经济社会发展水平、能源生产消费情况、粮食生产状况等。可度量性原则意味着尽可能采用量化指标作为评价指标，最大限度为后续评价进行的数值计算所用，原则上不选取定性指标或含义比较模糊的指标。代表性原则指从描述同一事物中的所有指标中选取最能反映事物的特征本质，同时又与其他指标相独立或具有弱关联的指标。从实用和可操作性的角度看，评价指标不宜过多过滥，这也决定了需要从代表性的角度对指标加以精简。层次性原则是指对于同一事物而言，各种评价指标存在着包含、排斥等层次归属问题，需要在构建指标体系时厘清各指标体系的隶属关系。此外，在具体数据的选择上，优先选择能够直接可用的、客观程度更强的基础型统计数据，避免进行数据的二次加工和处理，以最大限度减少后续评价结果的不确定性。

（二）评价指标架构与内容

本书构建的“水－能源－粮食”耦合协调发展评价指标体系见表4-1。第一层级为准则层，如前所述，以协同共生理论中的稳定性、互馈性、可持续性三方面作为三个准则层。第二层级为子系统层，又包含九类子系统：对于稳定性而言，主要指三种要素本身的供需和发展状况，因而包括水、能源、粮食三类子系统；对于互馈性而言，主要指三种要素的两两关联，具体包括“水－能源”“水－粮食”“能源－粮食”三类子系统；对于可持续性而言，主要反映影响纽带关系的外部条件，筛选出自然、经济、社会三类子系统。第三层级为具体指标，按系统性、可度量性、代表性等原则最终共确定了33项指标。

表4－1 “水－能源－粮食”耦合协调发展评价指标体系

目　标	准则	子系统	指　标	计　算	单　位
“水－能源－粮食”协调发展	稳定性（S）	水资源系统（WS）	人均水资源量（W1）	水资源总量/常住人口	立方米/人
			水资源开发利用率（W2）	用水量/水资源总量	%
			地下水资源利用率（W3）	地下水源供水量/地下水资源量	%
			非常规水资源占比（W4）	其他水源供水量/总供水量	%
			万元GDP用水量（W5）	用水总量/GDP	立方米/万元
		能源系统（ES）	人均能源生产量（E1）	能源总产量/常住人口	吨标准煤/人
			万元GDP能耗（E2）	能源消费量/GDP	吨标准煤/万元
			能源消费弹性系数（E3）	能源消费量增长率/GDP增长率	—
			能源自给率（E4）	能源生产量/能源消费量	%
		粮食系统（FS）	人均耕地面积（F1）	耕地面积/常住人口	平方米/人
			人均粮食产量（F2）	粮食产量/常住人口	千克/人
			一产增加值占比（F3）	第一产业增加值/GDP	%
			粮食自给率（F4）	粮食产量/粮食消费量	%
	互馈性（C）	“水－能源”系统（WEC）	单位能源生产用水量（WE1）	∑（各项能源产量×用水定额）/能源总产量	立方米/吨标准煤
			能源生产用水占比（WE2）	∑（各项能源产量×用水定额）/用水总量	%
			工业用水重复利用率（WE3）	—	%

续表

目　标	准则	子系统	指　标	计　算	单　位
“水－能源－粮食”协调发展	互馈性（C）	“水－粮食”系统（WFC）	农业用水占比（WF1）	农业用水量/用水总量	%
			亩均灌溉用水量（WF2）	—	立方米/亩
			农田灌溉水有效利用系数（WF3）	—	—
			年降水量（WF4）	—	毫米
		“能源－粮食”系统（EFC）	单位耕地面积农机动力（EF1）	农机总动力/耕地面积	千瓦/公顷
			一产能耗占比（EF2）	第一产业能耗/能源消费量	%
			生物质能发电占比（EF3）	生物质能发电量/总发电量	%
	可持续性（T）	经济系统（JT）	人均GDP（J1）	GDP/常住人口	万元/人
			GDP增长率（J2）	—	%
			三产增加值占比（J3）	第三产业增加值/GDP	%
		社会系统（HT）	人口增长率（H1）	—	‰
			城镇化率（H2）	—	%
			人口密度（H3）	常住人口/土地面积	人/平方公里
		自然系统（ZT）	污水再生利用率（Z1）	—	%
			森林覆盖率（Z2）	—	%
			单位耕地面积化肥施用量（Z3）	化肥施用量/耕地面积	吨/公顷
			万元GDP温室气体排放量（Z4）	温室气体排放总量（折合CO_2）/GDP	千克/万元

稳定性（S）准则层和水资源系统（WS）、能源系统（ES）、粮食系统（FS）构成的子系统层下包括13项指标，其中，水资源系统（WS）选择人均水资源量（W1）、水资源开发利用率（W2）、地下水资源利用率（W3）、非常规水资源占比（W4）、万元GDP用水量（W5）作为评价指标，能源系统（ES）选择人均能源生产量（E1）、万元GDP能耗（E2）、能源消费弹性

系数（E3）、能源自给率（E4）作为评价指标，粮食系统FS选择人均耕地面积（F1）、人均粮食产量（F2）、一产增加值占比（F3）、粮食自给率（F4）作为评价指标。在水资源系统各指标中，人均水资源量可以衡量区域水资源禀赋情况及可利用程度；水资源开发利用率表征区域水资源目前开发利用的程度，反映水资源开发利用潜力；地下水资源利用率表征区域地下水资源目前开发利用的程度，反映地区供用水压力；非常规水资源占比则体现了水资源开源节流的效果，一定程度反映地区对节水措施的重视和节水技术推广情况；万元GDP用水量反映区域经济发展用水效率和节水水平。在能源系统各指标中，人均能源生产量反映地区能源富集、生产和供应情况；万元GDP能耗反映地区经济发展对能源的需求和依赖；能源消费弹性系数显示能源消费增速与GDP增速的关系，体现能源利用效率的变化情况；能源自给率表征区域自产能源对本地能源需求的满足程度。在粮食系统各指标中，人均耕地面积反映区域耕地面积与人口的匹配情况；人均粮食产量体现区域粮食产量与人口的匹配情况；一产增加值占比表征农业在区域经济结构中的比例，间接显示地区对粮食产业的支持和依赖；粮食自给率反映地区粮食产量对于粮食需求的满足程度。

互馈性（C）准则层和“水－能源”（WEC）、“水－粮食”（WFC）、“能源－粮食”（EFC）构成的子系统包括10项指标。其中，“水－能源”子系统（WEC）选择单位能源生产用水量（WE1）、能源生产用水占比（WE2）、工业用水重复利用率（WE3）作为评价指标，“水－粮食”子系统（WFC）选择农业用水占比（WF1）、亩均灌溉用水量（WF2）、农田灌溉水有效利用系数（WF3）、年降水量（WF4）作为评价指标，“能源－粮食”子系统（EFC）选择单位耕地面积农机动力（EF1）、一产能耗占比（EF2）、生物质能发电占比（EF3）作为评价指标。在“水－能源”系统各指标中，单位能源生产用水量反映区域能源生产对水的消耗和需求，体现能源生产用水效率和节水水平；能源生产用水占比反映地区能源生产用水对水资源的压力；工业用水重复利用率体现地区工业发展中对节约用水、减少污染等措施的推广情况。在“水–粮食”系统各指标中，农业用水占比反映以粮食生产为主的种植业生产用水对区域水资源的压力；亩均灌溉用水量表征区域以粮食生产为主的种植业生产中的节水水平和用水效率；农田灌溉水有效利用系数体现区域灌溉工程质量、灌溉技术水平和灌溉用水管理水平；年降水量直接影响区域粮食作物生长期内的灌溉用水量。在“能源–粮食”系统各指标中，单位耕地面积农机动力反映区域耕地利用的集约化程度，与耕地产出效益呈正相关；一产能耗占比显示以粮食生产为主的种植业生产对能源供给的压力；生物质能发电占比反映农业生产对能源供给的补充和支撑。

在互馈性（C）准则下，“水–能源–粮食”内部系统受经济社会发展程度和自然环节等外部环境影响并反作用于外部环境，经济社会发展程度偏低、自然生态状况较差则会产生可持续性风险，因而以可持续性（T）为准则，以经济系统（JT）、社会系统（HT）、自然系统（ZT）构成子系统层进行指标选择。在可持续性（T）准则下，经济系统JT选择人均GDP（J1）、GDP增长率（J2）、三产增加值占比（J3）作为评价指标，社会系统HT选择人口增长率（H1）、城镇化率（H2）、人口密度（H3）作为评价指标，自然系统（ZT）选择污水再生利用率（Z1）、森林覆盖率（Z2）、单位耕地面积化肥施用量（Z3）、万元GDP温室气体排放量（Z4）作为评价指标。在经济系统各指标中，人均GDP衡量经济发展状况，反映地区的宏观经济运行情况；GDP增长率可以反映区域经济发展水平变化程度和经济活力；三产增加值占比体现经济发展质量，用以表征产业结构高级化程度。在社会系统各指标中，人口增长率反映人口增长速度对社会和环境资源的影响力；城镇化率表征经济社会发展进步情况；人口密度衡量区域人口分布状况，与资源供需关系密切。在自然系统各指标中，污水再生利用率体现地区节约用水、减少污染的措施推广情况；森林覆盖率反映森林资源的丰富程度和生态平衡状况，与水资源状况和人类活动密切相关；单位耕地面积化肥施用量表征种植业对水环境安全的压力；万元GDP温室气体排放量反映经济发展对大气环境的压力。

三、“水－能源－粮食”耦合协调发展评价指标权重计算

指标体系权重的确定首先采用熵权法进行客观赋权。由于熵所具有的特性，可以通过计算某项指标的熵值来判断系统的无序性和随机性程度。同时，熵值可以用于判断指标的离散程度，离散程度越大的指标对于系统综合评价的影响就越大，极端情况下若某项指标的值全部相等，指标的离散程度最小，则该指标在综合评价中不起作用。因此，在多指标综合评价中，可以利用信息熵作为工具，根据各项指标的离散程度对各个指标赋予一定的权重，熵权法也就成为常用的权重计算方法。由于在熵权法确定权重的过程中，仅根据各项指标所包含的信息量大小来计算，因而熵权法是一种客观的赋权方法。

“水－能源－粮食”关联系统评价涉及多个指标，评价过程较为复杂，需将主客观相结合以得到对于该复杂巨系统的科学评价结果。因此，可将运筹学中主客观结合较好的层次分析法应用于对“水－能源－粮食”关联系统评价的各指标权重确定。层次分析法（Analytic Hierarchy Process，AHP）是在20世纪70年代中期由美国运筹学家托马斯·塞蒂（T. L. Saaty）正式提出。AHP是一种定性和定量相结合的分析方法，具有系统化、层次化的特点，在复杂决策问题的处理上具有显著的实用性和有效性，因而在农业、能源、环境等多领域的政策研究中得到广泛的应用。AHP解决复杂决策问题的基本思路同人的思维和判断过程相仿，通过合理地运用经验、洞察力和直觉来对决

策问题中存在不确定性和主观的信息进行判断。

如上所述，熵权法属于客观赋权法，运用熵权法确定指标权重具有较强的数学依据，评价结果较为客观，但有可能由于过于依赖样本数据和定量统计方法，忽视了评价指标的主观性分析。层次分析法属于主观赋权法，可以较好地针对评价目标，具有较强的实效性，但由于缺乏客观依据，主观判断可能会产生一定的偏差。两种方法均有一定的优势和缺陷，因此为了弥补缺点使结果更具有可信度，本书将主客观权重有机结合，采用“熵权法—AHP赋权”相组合的方法计算确定各指标的权重，各项指标具体权重值见表4-2。

表4-2 “水－能源－粮食”耦合协调发展评价指标体系各指标权重

指　标	权　重	指　标	权　重	指　标	权　重
W1	0.097	WE1	0.183	J1	0.157
W2	0.230	WE2	0.124	J2	0.058
W3	0.112	WE3	0.062	J3	0.088
W4	0.027	WF1	0.140	H1	0.039
W5	0.052	WF2	0.072	H2	0.095
E1	0.036	WF3	0.047	H3	0.074
E2	0.034	WF4	0.274	Z1	0.127
E3	0.019	EF1	0.024	Z2	0.045
E4	0.077	EF2	0.063	Z3	0.075
F1	0.048	EF3	0.012	Z4	0.243
F2	0.092				
F3	0.025				
F4	0.151				

在采用熵权法和层次分析法组合计算指标体系各层次权重基础上，分别计算2007—2022年黄河流域各省级行政区的稳定性、互馈性、可持续性

评价指标，并结合计算结果经专家分析将各准则与协调发展评价结果划分为1～5共5个等级，分别对应低、较低、一般、较高和高，如表4-3所示。在此基础上，测算得到反映三类资源协调发展程度的协调度得分，按照得分由低到高也划分为5个等级，分别为失调、濒临失调、初级协调、中级协调和高级协调（见表4-4）。

表4-3　稳定性、互馈性、可持续性等级划分

评价结果等级	1/低	2/较低	3/一般	4/较高	5/高
稳定性	<0.45	0.45～0.55	0.55～0.60	0.60～0.70	>0.70
互馈性	<0.55	0.55～0.65	0.65～0.70	0.70～0.80	>0.80
可持续性	<0.55	0.55～0.60	0.60～0.65	0.65～0.70	>0.70

表4-4　“水－能源－粮食”耦合协调发展程度等级划分

评价结果等级	1/低	2/较低	3/一般	4/较高	5/高
协调发展	<0.50	0.50～0.55	0.55～0.60	0.60～0.70	>0.70
状态	失调	濒临失调	初级协调	中级协调	高级协调

四、黄河流域“水－能源－粮食”耦合协调发展评价结果

（一）黄河流域各省区评价结果

总体来看，黄河流域中上游省区“水-能源-粮食”协调发展呈现出“初始水平低、发展速度快”的特点，下游省区则呈现“初始起点高、发展波动大”的特点。在评价期起始阶段，河南、甘肃、宁夏、山西处于失调状态，青海、内蒙古、陕西、山东、四川处于濒临失调或初级协调状态；从2015年起各省区“水－能源－粮食”协同发展程度均出现了明显的转变，青海、四川等实现了由初级协调向中级协调的跃升，到2022年大部分省区已处于初级

协调或中级协调状态。

山西水资源量相对较少，但非常规水资源利用占比较高，万元GDP用水量少，注重节水；是我国重要的能源产业基地，能源产量和自给率高，能源系统稳定性好；广阔的耕地面积保障了粮食系统的相对稳定，“水－能源－粮食”稳定性指数一般。但山西经济发展相对不足，增长率低，经济系统可持续性较差，社会系统可持续性一般，依赖能源产业带动的经济发展伴随着大量温室气体排放，自然系统可持续差，“经济－社会－自然”可持续性指数低。因此，山西“水－能源－粮食”耦合协调发展综合指数较低（见图4-1）。

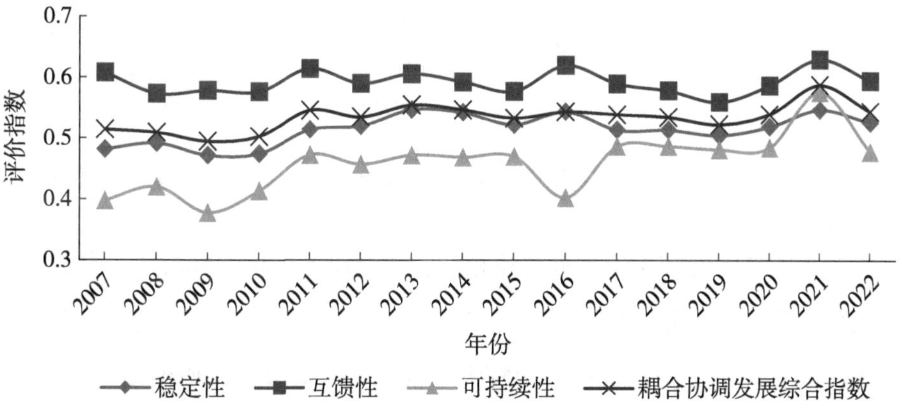

图4-1 2007—2022年山西“水－能源－粮食”耦合协调发展评价结果

内蒙古面积广阔，人口密度低，水资源量和开发利用情况一般，水资源系统稳定性中等；是我国重要的能源产业基地，能源产业蓬勃发展，生产量大、消耗量小，能源系统稳定；耕地面积广阔、粮食自给率高，人均占有量高，“水－能源－粮食”稳定性指数高。内蒙古降水少，能源和粮食生产用水量较大，两者争水问题较为严重，“水－能源－粮食”互馈性指数低。内蒙古经济发展迅速，社会、经济系统稳定性较好，污水再生利用率居于全国首位，工农业节水措施推广较好，自然环境较好，可持续性指数高。综合评价，内蒙古“水－能源－粮食”耦合协调发展综合指数较高，但内蒙古地域狭长，面积辽阔，人口、城市、工业以及能源产地分布集中，不同区域资源禀赋和开发利用情况有较大差距，人口、工农业密集地区仍存在一些问题（见图4–2）。

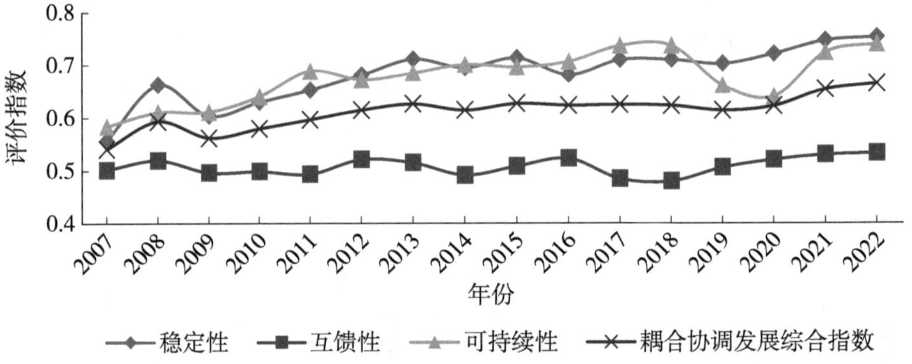

图4–2　2007—2022年内蒙古“水－能源－粮食”耦合协调发展评价结果

山东人口密度较大，水资源量相对短缺，地下水利用率较高，水资源供应压力较大，但在非常规水利用率和用水效率上较为领先，一定程度上弥补了人均水资源不足的短板；能源较为丰富，人口众多，人均粮食产量偏低，“水－能源－粮食”稳定性中低等。山东人均GDP较高，但第三产业产比偏低、经济发展速度不高，城市发展水平中等，森林覆盖率低，生态环境稳定性较差，可持续性指数较高。因此，山东“水－能源－粮食”耦合协调发展综合指数较高（见图4–3）。

河南人口密度较大，水资源量相对短缺，人均水资源量少，地下水开发利用率较高，水资源供应压力较大，但万元GDP用水量少，用水效率较高；具有一定的能源储量和产业，能源产量和自给率较高；人均耕地面积一般但粮食产量高，自给率较高，“水－能源－粮食”稳定性指数中等。河南前期经济发展不足，人均GDP相对较小，第三产业发展薄弱，缺乏新的经济增长点，人口密集、城市发展水平较差，森林覆盖率低，经济发展带来温室气体排放量大等问题，生态环境稳定性较差，可持续性指数较高。因此，河南“水－能源－粮食”耦合协调发展综合指数较高（见图4-4）。

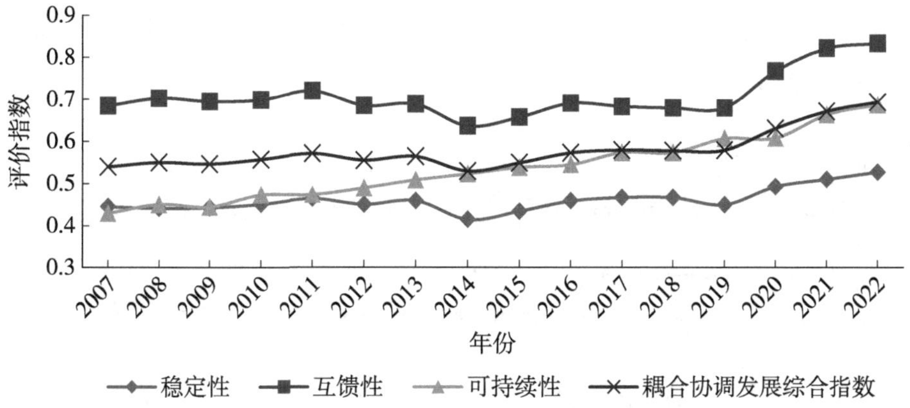

图4-3 2007—2022年山东“水－能源－粮食”耦合协调发展评价结果

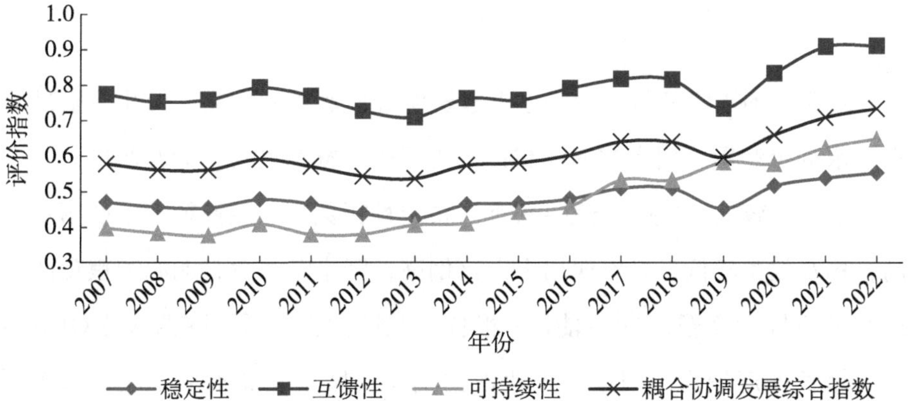

图4-4 2007—2022年河南“水－能源－粮食”耦合协调发展评价结果

四川河流众多，以长江水系为主，地表水和地下水开发利用率低，入境水量大，水资源充沛，水资源供应压力小、稳定性较高；能源产量中等，经济发展所需能耗较低；人均耕地面积较少，粮食自给率中等，“水－能源－粮食”稳定性指数一般。四川能源生产用水量偏高，降水量较大，农业生产用水量较小，“水－能源－粮食”互馈性指数较高。四川经济增长较快，但人均GDP低，第三产业占比较小，温室气体排放、森林覆盖率等环境状况一般，可持续性指数较高。因此，四川“水－能源－粮食”耦合协调发展综合指数中等（见图4–5）。

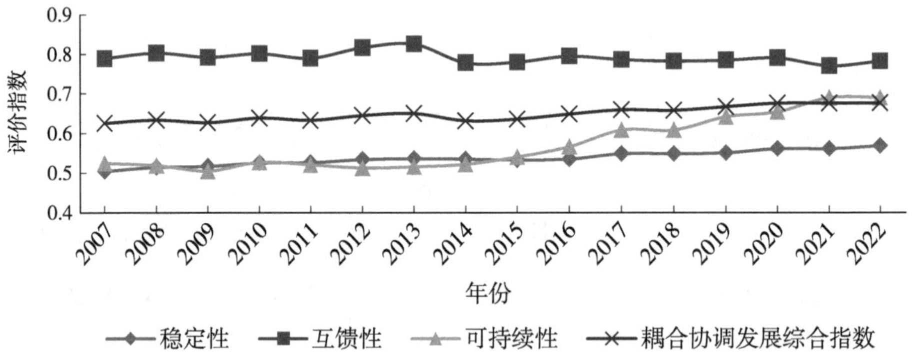

图4–5　2007—2022年四川“水－能源－粮食”耦合协调发展评价结果

陕西人均水资源量较少，地下水资源开发利用率偏高，但积极推进非常规水资源利用，用水效率较高；是我国矿产资源大省，能源产量大；人均耕地面积较大，“水－能源－粮食”稳定性指数高。陕西能源生产用水量高，用水效率较低，且农业用水占比偏高，降水量较少，能源和粮食产业用水矛盾较为显著，“水－能源－粮食”互馈性指数低。陕西人均GDP中等，增长速度较高，但第三产业占比偏低，城市发展水平一般，污水再生利用率和万元GDP温室气体排放量较高，生态环境一般，可持续性指数中等。因此，陕西“水－能源－粮食”耦合协调发展综合指数较低（见图4–6）。

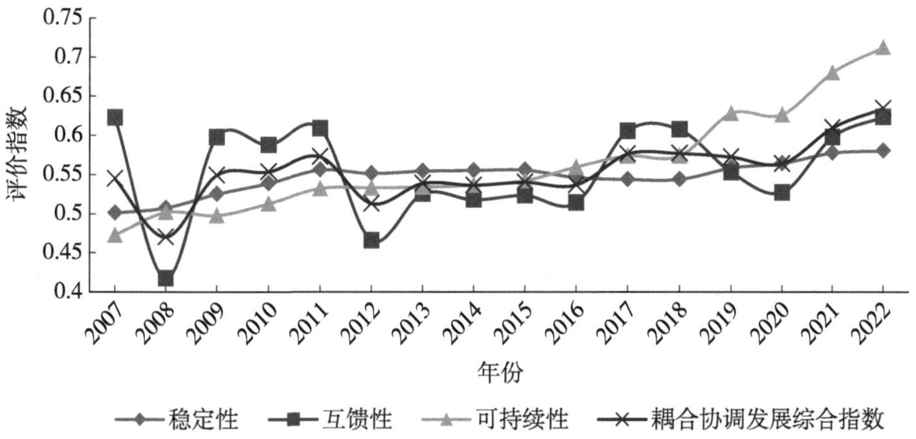

图4-6　2007—2022年陕西“水－能源－粮食”耦合协调发展评价结果

甘肃人均水资源量较少，地表和地下水开发利用率较高，水资源供应压力较大、稳定性较差；有一定能源矿产分布但能源产量较低，经济发展所需能源消耗较高；人均耕地面积较大但粮食产量和自给率中等，“水－能源－粮食”稳定性指数一般。甘肃能源产业较少，能源用水量中等，农业用水量占比高，降水量小，农业用水效率较低，“水－能源－粮食”互馈性指数较低。甘肃经济前期发展不足，人均GDP低，经济增速较低，城市发展水平一般，污水再生利用率较高，化肥施用量较低，但森林覆盖率低，万元GDP温室气体排放量高，生态环境一般，可持续性指数一般。因此，甘肃“水－能源－粮食”耦合协调发展综合指数低（见图4-7）。

青海人均水资源量较大，开发利用率低，水资源供应压力小、稳定性较高；人均能源产量较高但经济发展消耗能源量大，且消耗量持续增长；粮食自给率较低，需要外部输入，“水－能源－粮食”稳定性指数较低。青海能源产业用水水平中等，降水量小，农业用水占比较高且用水效率较低，“水－能源－粮食”互馈性指数低。青海人均GDP较低，经济增速较高，但第三产业占比低，城市发展水平较低；森林覆盖率低，生态环境状况中等，可持续性指数较低。

因此，青海“水-能源-粮食”耦合协调发展综合指数较低（见图4-8）。

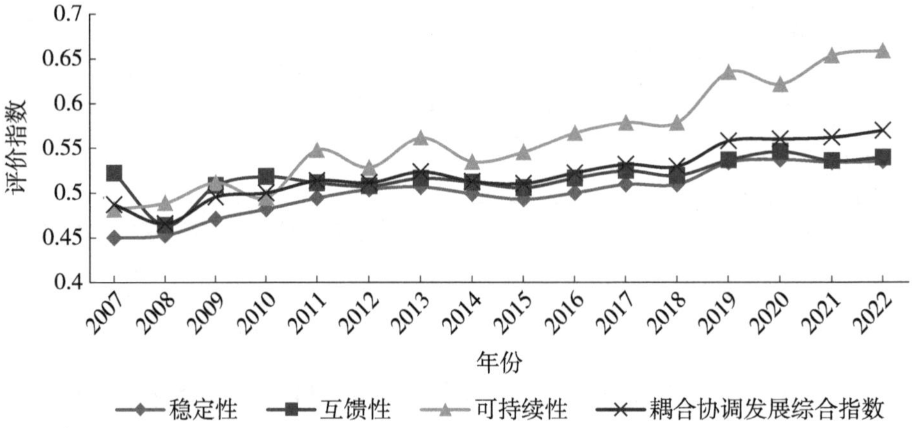

图4-7　2007—2022年甘肃“水-能源-粮食”耦合协调发展评价结果

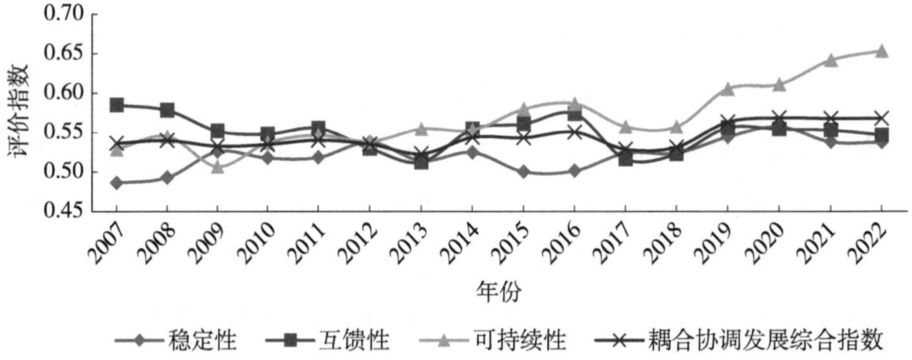

图4-8　2007—2022年青海“水-能源-粮食”耦合协调发展评价结果

宁夏干旱少雨，人均水资源量小，水资源开发利用率高，是我国水资源严重匮乏的地区之一，水资源供应稳定性差；是我国西北重要的能源基地和优质粮生产基地，能源产量大，粮食产量和自给率高，但受制于水资源的短缺，“水-能源-粮食”稳定性指数低。宁夏能源生产和农业生产用水量大，降水量小，农业用水效率低，“水-能源-粮食”互馈性指数低。宁夏人均

GDP和经济增长速度中等，城市发展水平一般，植被覆盖率较低，万元GDP温室气体排放量高，生态环境问题较为严峻，可持续性指数低。因此，宁夏“水－能源－粮食”耦合协调发展综合指数低（见图4–9）。

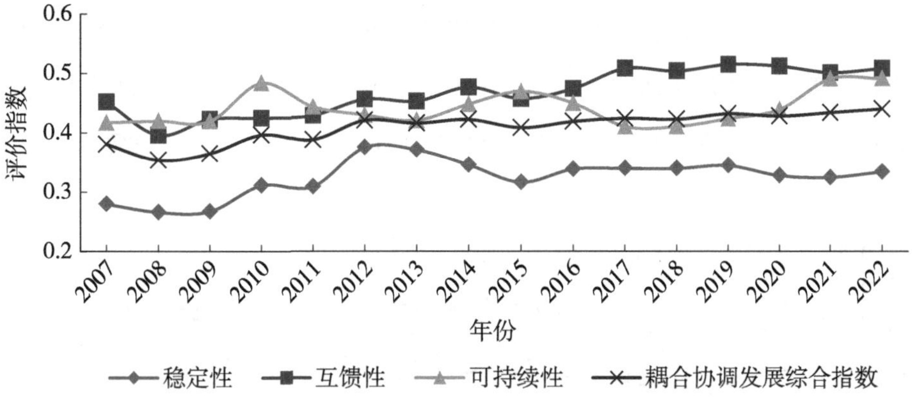

图4–9　2007—2022年宁夏“水－能源－粮食”耦合协调发展评价结果

（二）黄河流域总体评价结果

综合流域情况看，黄河流域“水－能源－粮食”耦合协调发展水平评价指数呈上升趋势，特别是2015年以来上升较快，虽然不同省份呈现差异性，但流域整体正处于从协同发展失调阶段向初级协调、中级协调阶段迈进（见图4–10）。

从单个资源系统来看，粮食系统评价指数上升态势明显，说明黄河流域的粮食生产情况呈现持续稳定向好态势；能源系统评价指数也呈上升态势，但较为缓慢且中间有波动，说明黄河流域的能源生产情况向好但中间有反复；水系统年际波动幅度大，主要受降水量地区分布差异的影响。

从系统交互作用情况看，黄河流域各省区“水－能源－粮食”协同发展程度均呈现上升趋势，总体上从最初的失调状态逐步发展转为协调状态，到

2022年大部分省份处于中级协调状态。但各省份呈现出明显的非同步发展特征，发展阶段呈现出"上游>中游>下游"的格局。究其原因，在发展初期，上游地区以牺牲资源和环境为代价实现发展，由于上游地区生态本底脆弱，受到人类活动的扰动性较强，造成了"水-能源-粮食"发展的不协调、不平衡。近年来，上游地区更加重视能源资源的节约集约利用和合理配置，更加重视绿色低碳生产生活方式，相对于中下游地区来说，上游地区自然本底基础较优，"水-能源-粮食"纽带系统的恢复力和适应力更强，发展潜力更大。

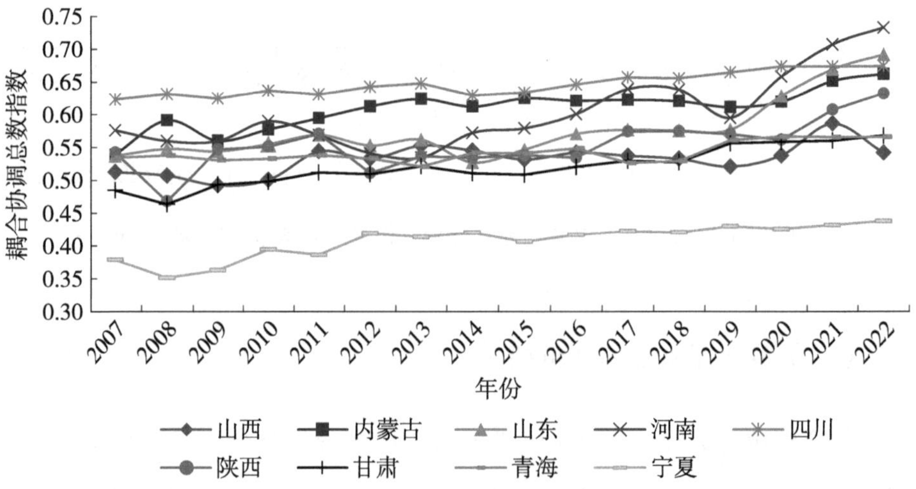

图4-10 2007—2022年黄河流域九省区"水-能源-粮食"耦合协调发展评价结果

从时间维度看，黄河流域"水-能源-粮食"协调发展具有典型的"阶段差异"特征。以2010年为分界线：2010年以前，黄河流域"水-能源-粮食"协调发展整体水平不高，且各个省区差异明显，呈现正负分化明显的特征；2010年以后黄河流域"水-能源-粮食"耦合协调发展水平呈现整体改善态势，特别是2015年以来协调发展水平评价指数较快上升，说明党的十八大以来随着生态文明建设深入推进，黄河流域"水-能源-粮食"协调发展取得大幅进步。

第五章 黄河流域水、能源、粮食政策进展与协同评价

一、党的十八大以来黄河流域水、能源、粮食政策梳理

（一）黄河流域重大战略：水资源刚性约束更加突出

黄河流域生态保护和高质量发展是我国聚焦区域发展的重大国家战略。2021年10月，中共中央、国务院发布《黄河流域生态保护和高质量发展规划纲要》（以下简称《规划纲要》），明确提出形成“1+N+X”规划政策体系。至2022年底，“1+N+X”的政策体系已经构建完成。

黄河流域生态保护和高质量发展政策体系的“1”包括《规划纲要》和《黄河保护法》（见表5-1），为各项工作的推进提供了根本遵循。《规划纲要》提出了坚持生态优先、绿色发展；坚持量水而行、节水优先；坚持因地制宜、分类施策；坚持统筹谋划、协同推进四方面原则，立足打造大江大河治理的重要标杆、国家生态安全的重要屏障、高质量发展的重要实验区、中华文化保护传承弘扬的重要承载区的战略定位和2030年、2035年中长期的发展目标，围绕上游水源涵养、中游水土保持、下游湿地保护和生态治理、全

流域水资源节约集约利用、黄河水安全保障、环境污染系统治理、特色优势现代产业体系、区域城乡发展、基础设施互联互通、保护传承弘扬黄河文化等方面全面部署了任务举措要求。《黄河保护法》于2022年10月经第十三届全国人民代表大会常务委员会第三十七次会议通过，2023年4月1日起正式生效实施。《黄河保护法》将《规划纲要》中水资源利用、水生态环境保护治理等影响生态保护和高质量发展最为重要的方面以国家法律条款的形式加以固化并明确细化具体罚则，强化了《规划纲要》各项政策举措的约束力。

表5–1　黄河流域生态保护和高质量发展“1+N+X”政策体系

序号	文件类型	名　称	时　间	发布单位
1	1	《黄河流域生态保护和高质量发展规划纲要》	2021年10月	中共中央、国务院
2	1	《中华人民共和国黄河保护法》	2022年10月	全国人民代表大会常务委员会
3	N	《水利部关于实施黄河流域深度节水控水行动的意见》	2021年8月	水利部
4	N	《水利部关于印发推动黄河流域水土保持高质量发展的指导意见》	2021年9月	水利部
5	N	《关于印发黄河流域水资源节约集约利用实施方案的通知》	2021年12月	国家发展改革委、水利部等
6	N	《黄河流域生态保护和高质量发展水安全保障规划》	2022年6月	水利部、国家发展改革委
7	N	《黄河流域生态环境保护规划》	2022年6月	生态环境部、国家发展改革委、自然资源部、水利部
8	N	《黄河文化保护传承弘扬规划》	2022年6月	文化和旅游部、国家文物局、国家发展改革委等

续表

序号	文件类型	名　称	时　间	发布单位
9	N	《黄河生态保护治理攻坚战行动方案》	2022年8月	生态环境部等12部门
10	N	《工业和信息化部、国家发展改革委、住房城乡建设部、水利部关于深入推进黄河流域工业绿色发展的指导意见》	2022年12月	工业和信息化部、国家发展改革委、住房城乡建设部、水利部
11	N	《黄河国家文化公园保护建设规划》	2023年7月	国家发展改革委、中共中央宣传部、文化和旅游部、国家文物局
12	X	《黄河流域生态保护和高质量发展科技创新实施方案》	2022年10月	科技部
13	X	《中央财政关于推动黄河流域生态保护和高质量发展的财税支持方案》	2022年8月	财政部

资料来源：根据国家发展改革委、水利部、生态环境部等相关部委网站整理。

根据《规划纲要》部署，黄河流域生态保护和高质量发展政策体系的“N”要围绕生态保护和修复、环境保护和污染治理、水安全保障、文化保护传承弘扬、基础设施互联互通、能源转型发展、黄河文化公园规划建设等重点领域制定。如表5-1所示，目前公开发布“N”文件包括6个领域，涉及水资源节约集约、生态环境保护和污染治理、水土保持、水安全保障、工业绿色发展、文化保护传承等方面。黄河流域能源转型规划仍在编制当中。在水资源节约集约方面，表5-1中第3个和第5个文件为相关政策文件。两者均以推动全社会节水为目标，加快形成水资源节约集约利用的产业结构、生产方式、生活方式、空间格局，以节约扩大发展空间的指导原则，提出了强化水资源刚性约束、严格用水监督管理、优化流域水资源配置、推动农业、工业和生活节水，推动非常规水源利用等实操性更强的具体举措。在生态环境保护修复和污染治理方面，表5–1中第7个和第9个文件为相关政策文件，其强调了黄河流域生态保护修复和污染治理要坚持“四水四定”，“三水”统筹，山水林田湖草沙综合治理、系统治理、源头治理，精准、科学、依法治污等思想原则，近中期要开展河湖生态保护治理行动、减污降碳协同增效行动、城镇环境治理设施补短板行动、农业农村环境治理行动、生态保护修复行动等系列保护治理攻坚行动。在水安全保障方面，水利部门为最主要的职能部门，发布了表5–1中第4个和第6个文件。黄河流域水安全保障要抓住水沙关系的“牛鼻子”，以防洪减灾体系构建、水资源配置格局优化、水土流失治理和水土保持等为重点，实现“防洪保安全、优质水资源、健康水生态、宜居水环境、先进水文化”的中长期目标。在高质量发展方面，目前仅有针对黄河流域工业绿色高质量发展的政策文件（表5–1中第10个文件）。工业高质量发展依然要以水资源刚性约束为前提，着重实施全面节约战略，加快发展方式绿色转型，因地制宜走体现各地特色优势的发展路子。在文化保护传承弘扬方面，表5–1中第8个和第11个文件为相关政策文件。文化保护传承弘扬是黄河流域高质量发展的关键和特色，要通过沿黄地区文化和旅游业的高质量发展，实现黄河文化育民惠民利民，形成对流域内经济社会全面高质量发展的重要支撑。

《规划纲要》同时还提出了在政策顶层设计中要研究出台配套政策和综合改革措施，即为政策体系中的“X”文件。科技部、财政部发布了支持黄河流域科技创新，提供财政税收支持等相关政策文件（表5–1中第12个和第13个文件）。《黄河流域生态保护和高质量发展科技创新实施方案》（国科发社〔2022〕278号）提出，以黄河流域生态系统演变、“水—土—能”协调配置、水工程联合调度的理论技术创新突破为目标，重点在支撑流域开展生态环境保护和高质量发展方面开展六大行动。《中央财政关于推动黄河流域生态保护和高质量发展的财税支持方案》（财预〔2022〕112号）支持建立以财政投入、市场参与为总体导向的资金多元化利用机制，在水资源和水生态环境方面特别提出支持建立以税费引导、专项奖励为调节手段的水资源节约集约利用机制，支持建立以整体治理、分段施策为基本思路的生态保护补偿机制等。财政部于2022年底又发布了《黄河流域生态保护和高质量发展奖补资金管理办法》（财预〔2022〕167号），推动财政税收手段不断走实走深。

（二）水资源："三水共治"的综合管理持续迈向深入

党的十八大以来，习近平总书记高度重视治水工作，发表一系列重要讲话、作出一系列重要指示批示，以"节水优先、空间均衡、系统治理、两手发力"的思路为核心，科学回答了如何处理好水资源开发利用增量与存量的关系、水资源与经济社会发展的关系、治水要素之间的关系、治水中政府与市场的关系等重大问题，明确了"统筹水资源、水环境、水生态治理，推动重要江河湖库生态保护治理"的工作思路。为贯彻落实习近平总书记重要指示批示精神，落实党中央、国务院决策部署，有关部门和地方出台了100多份政策文件，持续向构建"三水共治"的现代化管理体系迈进。

2012年，《国务院关于实行最严格水资源管理制度的意见》（国发〔2012〕3号）文件发布，将2011年发布的《中共中央 国务院关于加快水利改革发展的决定》中提出的"实行最严格的水资源管理制度"作为加快我国经济发展方式转变的重要战略举措进行了全面部署，具体提出了"三条红线"的阶段性主要目标（见表5-2）。2013年，国务院发布了《实行最严格水资源管理制度考核办法》（国办发〔2013〕2号），用于考核各省、自治区和直辖市的目标执行情况。

表5-2 “三条红线”阶段性目标

指　标	2015年	2020年	2030年
全国用水总量	<6350亿立方米	<6700亿立方米	<7000亿立方米
万元工业增加值用水量	比2010年下降30%以上	<65立方米	<40立方米
农田灌溉水有效利用系数	>0.53	>0.55	>0.6
水功能区水质达标率	>60%	>80%	>95%

资料来源：《国务院关于实行最严格水资源管理制度的意见》（国发〔2012〕3号）。

构建“三水共治”的工作有以下三个方面。

一是水环境改善。2015年国务院发布《水污染防治行动计划》（国发〔2015〕17号），从节约保护水资源、经济结构转型、强化科技支撑等十个方面，提出了改善水质的具体目标。2021年，出台《中共中央 国务院关于深入打好污染防治攻坚战的意见》，在深入打好碧水保卫战方面，以城市黑臭水体、黄河、长江、海域等重要和具有突出问题的水体水域、饮用水和加强陆海统筹作为主要的施力方面。其中，在黄河流域的水污染治理中，明确提出了到2025年黄河干流中上游（花园口水文站以上）水质达到Ⅱ类，干流及主要支流生态流量得到有效保障的目标。

二是水资源管理。2016年水利部、国家发展改革委发布《“十三五”水资源消耗总量和强度双控行动方案》（水资源司〔2016〕379号），从消耗总量和消耗强度两个方面设定了水资源消耗控制目标，即到2020年，全国年用水总量控制在6700亿立方米以内，万元GDP用水量、万元工业增加值用水量分别比2015年降低23%和20%。此外，该方案还提出要全国推进各行业节水，大力推进农业、工业、城镇节水，尤其针对高耗水行业提出2020年要达到先进定额标准的要求。2019年国家发展改革委、水利部联合印发《国家节水行动方案》（发改环资规〔2019〕695号），明确了实施总量强度双控、农业节水增效、工业节水减排、城镇节水降损、重点地区节水开源、科技创新引领六大行动。

三是水生态治理。2023年生态环境部、国家发展改革委等5部门联合发布的《重点流域水生态环境保护规划》中，水生态治理得到集中体现。该规划明确了长江、黄河等七大流域和三大片区的水生态环境保护总体布局，从为人民群众提供良好生态产品、巩固深化水环境治理、积极推动水生态保护、着力保障河湖基本生态用水、有效防范水环境风险等五个方面部署了重点任务和具体举措。总的来说，水生态环境保护的原则一是要强化经济发展与水资源保护空间均衡，“有多少汤泡多少馍”，严守水资源开发利用上限，促进经济社会发展全面绿色转型；二是持续推进山水林田湖草沙一体化保护和系统治理。要把生态作为一个系统来看，将“坚持统筹谋划、协同推进”作为重要原则之一。

（三）能源：持续构建清洁低碳、安全高效的现代能源体系

党的十八大以来，以习近平同志为核心的党中央统筹发展与安全，提出“四个革命、一个合作”能源安全新战略，推动我国能源生产和利用方式发生重大变革。党的十八大至今涵盖“十二五”（部分）、“十三五”、“十四五”（中期）三个五年规划期。在每个五年规划期中，我国的能源发展都随着国内国际形势，尤其是能源供应保障和资源环境要求作出了一定的调整和优化。

“十二五”时期。2013年初，国务院印发《能源发展“十二五”规划》（国发〔2013〕2号），提出建立“强化节能优先战略，全面提升能源开发转化和利用效率，控制能源消费总量，构建安全、稳定、经济、清洁的现代能源产业体系”。2015年10月党的十八届五中全会提出“建设清洁低碳、安全高效的现代能源体系”，进一步明确了现代能源体系建设的目标和方向。《能源发展“十二五”规划》从控制总量、提高能效、调整结构、保护环境等方

面提出了具体的发展目标。其中，能源消费总量控制是发展的重点，从九大方面提出了具体举措。服务于总体规划，煤炭、天然气、电力等能源发展的专项规划相继印发实施，细化实化了具体领域的任务路径和政策措施。此外，2014年，国务院出台《能源发展战略行动计划（2014—2020年）》，着眼于中长期的能源发展战略。

“十三五”时期。2016年国务院发布了《能源发展“十三五”规划》（发改能源〔2016〕2744号），以构建清洁低碳、安全高效的现代能源体系为目的，在发展取向上更加注重发展质量、注重结构调整、系统优化、市场规律、经济效益和机制创新，围绕能源和煤炭消费总量，单位GDP能耗、一次能源和各能源品种的生产量/装机量提出了2020年要达到的预期目标。特别是明确提出了实施能源消费总量和强度双控的要求，形成对低效低端能源产能的倒逼，调整能源结构、提高能源效率，达到全社会节能减排。此外，党的十九届五中全会专门提到了要“推进能源革命”。

“十四五”时期。2021年12月，中央经济工作会议正式提出“加快建设能源强国”。2022年1月，国家发展改革委、国家能源局发布《“十四五”现代能源体系规划》（发改能源〔2022〕210号），它是在我国提出碳达峰碳中和目标，以及国际形势发生强烈波动的情况下出台的。《“十四五”现代能源体系规划》指出我国步入构建现代体系的新阶段，围绕能源保障更加安全有力、能源低碳转型成效显著、能源系统效率大幅提高、创新发展能力显著增强、普遍服务水平持续提升等方面提出了涵盖能源生产和消费、总量和强度、比重和结构等的具体目标。对2035年的远景目标也有展望，重点是可再生能源发电成为主体电源，新型电力系统建设取得实质性成效。此外，于2021年至2022年期间还出台了《关于完善能源绿色低碳转型体制机制和政策措施的意见》（发改能源〔2022〕206号）、《“十四五”新型储能发展实施方案》（发改能源（2022）209号）、《“十四五”可再生能源发展规划》（发改能源〔2021〕1445号)、《关于促进新时代新能源高质量发展的实施方案》(国办函〔2022〕39号)、《氢能中长期产业发展规划(2021—2035年)》等文件，丰富了可再生能源发展和构建新型电力系统的内容举措。

2022年10月，习近平总书记在党的二十大上作重要报告，对积极稳妥推进碳达峰碳中和作出重要部署，能源是其中重要组成。具体来说，我国未来能源发展要“深入推进能源革命，加强煤炭清洁高效利用，加大油气资源勘探开发和增储上产力度，加快规划建设新型能源体系，统筹水电开发和生态保护，积极安全有序发展核电，加强能源产供储销体系建设，确保能源安全”。建设新型能源体系的概念被首次提出。应当说，加快规划建设新型能源体系是以有力支持全面建成社会主义现代化强国为目标，统筹能源安全供应稳定和绿色低碳发展，对能源领域未来发展提出的重要战略安排。

(四)粮食和农业：治国理政头等大事的地位未变

党的十八大以来，习近平总书记针对粮食生产和农业发展发表的一系列重要论述是相关政策制定和工作开展的根本遵循。重点围绕八个方面，包括粮食安全是“国之大者”，中国人的饭碗要牢牢端在自己手中；保障国家粮食安全的根本在耕地；坚持农业科技自立自强，用中国种子保障中国粮食安全；健全种粮农民收益保障机制和主产区利益补偿机制；坚持大食物观，积极推进农业供给侧结构性改革；搞好粮食储备调节，善于用好两个市场两种资源；让节约粮食在全社会蔚然成风；全面落实粮食安全党政同责。

党的十八大以来，我国关于粮食生产和农业发展的政策文件体系持续完善、内涵不断丰富，主要包括以下三类。

一是中央一号文件。中共中央在1982年至1986年连续五年发布以农业、农村和农民为主题的中央一号文件，对农业发展和农村改革作出具体部署。2004年至2023年又连续20年发布以“三农”(农业、农村、农民)

为主题的中央一号文件，强调了“三农”问题在中国社会主义现代化时期的“重中之重”的地位。以习近平同志为核心的党中央把粮食安全作为治国理政的头等大事，提出了“确保谷物基本自给、口粮绝对安全”的新粮食安全观，始终坚持走中国特色粮食安全之路，在中央一号文件中均得到充分体现。2013年的中央一号文件强调要毫不放松粮食生产，通过稳定面积、优化结构、主攻单产来实现农业丰收。2016年的中央一号文件指出要夯实农业基础，藏粮于地，促进我国种业现代化发展，开展种质资源普查。2017年的中央一号文件不仅强调要保障粮食安全，而且对农产品质量和食品安全提出了更高要求，表明我国的农业生产开始从求产量转变到求质量。2018年中央一号文件再次强调提升农产品质量，深入推进农业“四化”发展，进一步推动农业生产由增加产量向提升质量的转变。2019年的中央一号文件中强调贯彻落实“两藏”[①]战略，保持耕地面积稳定，守住18亿亩耕地红线，完成高标准农田建设任务；在技术方面要突破农业关键核心技术，选育和推广优质良种，以此来巩固和提升粮食产量。2021年中央一号文件再次强调守住18亿亩耕地红线，稳定耕种面积，提高耕地质量。文件首次提到要打好种业翻身仗，加强培育良种，保障国家粮食安全。2022年中央一号文件指出，坚持中国人的饭碗任何时候都要牢牢端在自己手中，饭碗主要装中国粮，全面落实粮食安全党政同责，严格粮食安全责任制考核，确保粮食播种面积稳定、产量保持在1.3万亿斤以上。2023年中央一号文件指出，确保全国粮食产量保持在1.3万亿斤以上，各省（自治区、直辖市）都要稳住面积、主攻单产、力争多增产。

二是规划发展类顶层设计文件。党中央、国务院对农业发展提出多项规划发展类的指导意见或具体规划。例如，党的全国代表大会报告、国家“五

① 指藏粮于地、藏粮于技。

年规划”、国务院年度工作报告等会对农业发展提出全局性、战略性或部署类的工作指导和安排。2021年国务院发布《“十四五”推进农业农村现代化规划》（国发〔2021〕25号），对“十四五”时期推进农业农村现代化的战略导向、主要目标、重点任务和政策措施等作出全面安排，增强农业农村对经济社会发展的支撑保障能力和“压舱石”的稳定作用，持续提高农民生活水平。

三是细分领域的政策文件。党中央、国务院以及农业主管部门等根据粮食生产和农业发展的形势，针对一些重点、热点和难点问题，围绕农业体制机制、农业技术、农业组织形式等方面出台专门的意见和措施。例如，2016年中共中央办公厅、国务院办公厅印发《关于完善农村土地所有权承包权经营权分置办法的意见》，强调进一步健全农村土地产权制度，推动新型工业化、信息化、城镇化、农业现代化同步发展；2017年中共中央办公厅、国务院办公厅印发《关于创新体制机制推进农业绿色发展的意见》，为创新体制机制，推进农业绿色发展提出意见；2019年国务院办公厅发布《关于切实加强高标准农田建设提升国家粮食安全保障能力的意见》（国办发〔2019〕50号），就高标准农田建设给出具体指导意见；2022年农业农村部发布《关于推进稻渔综合种养产业高质量发展的指导意见》（农渔发〔2022〕22号），指出稻渔综合种养是典型的生态循环农业模式，就如何稳步推进稻渔综合种养产业高质量发展提出意见。

二、党的十八大以来黄河流域水、能源、粮食政策演变特征分析

根据党的十八大以来黄河流域涉及水、能源、粮食的政策文件，利用共词频次统计和聚类分析确定各个时期的政策聚焦点。

（一）党的十八大至党的十九大期间（2012年11月至2017年10月）

党的十八大至党的十九大期间黄河流域水、能源、粮食政策的主要聚焦点为农业产业发展、农业发电、节水技术、水资源保护、节能技术、电力管理。政策手段主要集中在技术创新、工程项目管理等方面（见图5-1）。

在水资源政策方面，这一期间黄河流域主要关注节水、水资源保护和水利工程。在此期间先后发布了《国家农业节水纲要2012—2020年》（国办发〔2012〕55号）、《实行最严格水资源管理制度考核办法》（国办发〔2013〕2号）等，对水资源保护提出了更高的要求。沿黄各省区配合顶层设计先后出台落实最严格水资源管理制度的工作方案、实施意见和考核办法。在能源政策方面，节能降碳是全国和沿黄各省区的能源工作重点。生产端和供给端共同发力，煤炭、煤电、钢铁、建筑和交通运输等重点领域推进产业结构调整、优化能源结构，煤电提出超低排放改造目标，力争到2020年全国所有具备改造条件的燃煤电厂力争实现超低排放①。在粮食政策方面，沿黄各省区根据全国农村工作指导意见，先后发布农业可持续发展规划，全面深化农业供给侧结构性改革，加快培育农业农村发展新动能，发展农业产业，实现农业可持续发展。

党的十八大至党的十九大期间黄河流域水、能源、粮食相关政策中，结构调整、工程项目、技术创新等政府主导型政策类型数量占比较高，经济财税政策的数量占比较少，且多个要素结合的政策数量较少，多为针对单个要素的支持政策，政策之间的配合程度较低。

---

① 据国家能源局统计，到2023年底，我国95%以上煤电机组实现了超低排放。

图5–1　党的十八大至党的十九大期间黄河流域水、能源、粮食政策文件词云图

（二）党的十九大至党的二十大期间（2017年11月至2022年10月）

党的十九大至党的二十大期间，根据词频分析，黄河流域水、能源、粮食政策的重点领域为农村生态保护、区域农业项目改革、水资源工程设施、保障能源资源和绿色生产。主要政策手段为强调创新管理规划、优化服务机制以及出台相关产业支持政策（见图5–2）。

在水资源政策方面，本阶段水资源工程、水量调度仍是重点，与此同时开始逐渐关注对用水侧的优化、重视节水。同时，四川、内蒙古和山东等沿黄省份开始推行水资源税费改革试点，探索利用市场经济优化配置水资源。在能源政策方面，能源结构调整持续深入推进。在碳达峰碳中和目标下，2022年1月，《国家发展改革委、国家能源局关于完善能源绿色低碳转型体制机制和政策措施的意见》（发改能源〔2022〕206号）这一能源领域顶层文件发布，提出建立推进能源绿色低碳发展的制度框架，构建以能耗双控和非化石能源目标制度为引领的能源绿色低碳转型推进机制。特别是支持可再生能源发展的政策在这一时期得到完善，2019年至2022年密集出台消纳责任权重、绿色电力交易、专项资金等政策文件。在粮食政策方面，相关政策文件进一步强调农业的生态环境保护工作，全面推进农业绿色发展、建设高标准农田、推动农业农村生态文明建设。沿黄各省区分别根据优势禀赋，确定农业各具特色的高质量发展方向。

在党的十九大至党的二十大期间水、能源、粮食政策中，政策之间的协调性不断加强，规划、保障机制设计、财税激励政策不断丰富，绿色生产、高质量发展等主题特点逐渐鲜明。

图5-2 党的十九大至党的二十大期间黄河流域水、能源、粮食政策文件词云图

（三）党的二十大至今（2022年11月至今）

党的二十大至今，黄河流域水、能源、粮食政策重点是在节约高效利用基础上进一步强调多行业、多要素的生态保护和绿色发展。主要包括以下重点：低碳改造、电力改革、生态用水、农村低碳改造、清洁技术改造、绿色生态（见图5-3）。

在水资源政策方面，党的二十大报告提出统筹水资源、水环境、水生态治理，更加强调兼顾水质和水量、地表和地下的系统治理。2022年11月以来，全国及沿黄各省区继续发布水资源节约利用工作办法和地下水保护利用管理办法。在能源政策方面，全国能源政策在能耗双控向“双碳”目标转变的形势下继续向能源结构优化、节能低碳和减污降碳协同发展以及多能源、多行业协同发展。电力市场化建设加速推进，陆续发布了2023年电力中长期合同、可再生能源电力消纳责任权重、可再生能源绿色电力证书全覆盖、抽水蓄能电站容量电价、煤电容量电价等文件。在粮食政策方面，一方面重视农业产业发展，另一方面高度重视农业节水。

2022年11月以来，黄河流域水、能源、粮食政策要素之间的协调性仍在不断加强。能源向以可再生能源为主体的路径演进，使其与水资源的协调性持续优化。2022年10月《黄河保护法》的出台，给“水－能源－粮食”协调提供了强力约束和保障。

图5-3　党的二十大至今黄河流域水、能源、粮食政策文件词云图

三、黄河流域水、能源、粮食政策目标协同性评价

如上所述，促进黄河流域“水－能源－粮食”协调发展的政策日益完善，不仅体现在各系统政策自身的健全丰满，也体现在考虑三者纽带关系的政策目标间的协同不断加强。尤其是在2020年我国提出黄河流域生态保护和高质量发展国家重大区域战略，2021年出台《规划纲要》和2022年出台《黄河保护法》等顶层文件之后，以水资源刚性约束为引领，能源发展和粮食生产落实“四水四定”的目标和举措得以调整优化，三种要素之间政策目标的一致性不断增强（见图5-4）。

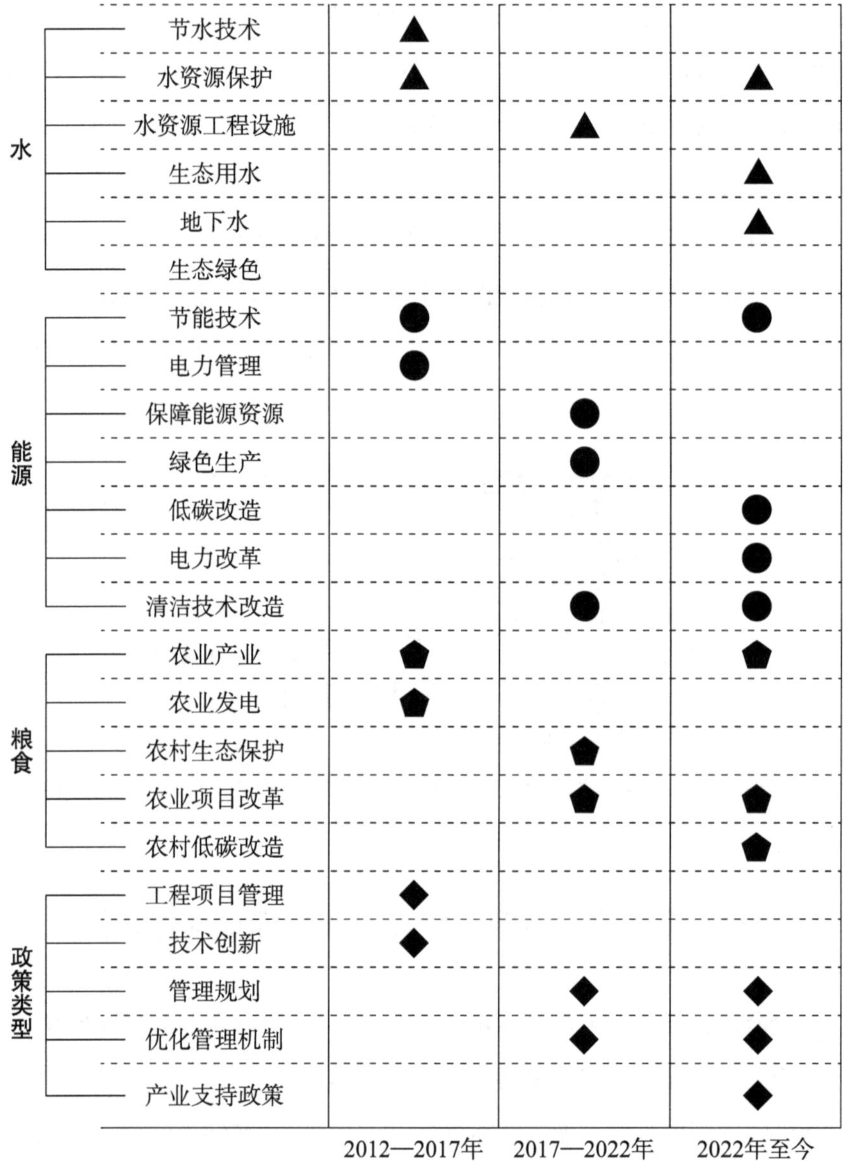

图 5-4 黄河流域水、能源、粮食政策聚焦点演进图

（一）水系统政策目标与能源、粮食政策目标

水系统政策目标主要包括优化水资源配置、提高水资源利用效率（节水）、增加非常规水资源利用。其中，前两者有利于减少供水过程中的能源消耗，而非常规水资源利用可能导致水系统用能增加，增大水系统低碳转型难度。

第一、优化水资源配置。对水系统而言，多目标统筹调配水资源，降低用水单位对供水侧的需求，对增加非常规水源利用和提升水生态适应有促进作用。对能源系统而言，一方面，更加严格的取水审批、不断降低各个环节的取水、用水和耗水量，有效提升用水效率，能倒逼能源产业的布局更加合理；另一方面，由于保障能源供应和煤炭托底保障可能会成为更优先的目标，高耗水的化石能源开采会导致水资源的大量取用，同黄河流域水资源的政策目标存在冲突。长期看，也可能使流域内其他可再生能源产业发展受到制约。对粮食系统而言，水资源的统筹调配能在一定程度上推动节能灌溉技术普及，从而增强水源涵养能力、提升水土保持功能，形成对农业的正向作用。

第二、提高水资源利用效率。对于能源系统而言，开采利用化石能源会消耗大量的水，提高化石能源的用水效率有利于推动化石能源开采实现清洁高效的目标，进而也将对工业水资源利用效率提升起到积极作用。此外，工业、农业、生活等环节的节水对能效目标的实现具有促进作用，各用水环节水效提升同时带来能效改善和碳排放的削减。对于粮食系统而言，农业节水是提高水资源利用效率的重要方面，节水对农业增产这一目标也有促进作用。尤其是在气候变化背景下，提高水资源利用效率有助于提升农业与粮食生产的适应能力，帮助粮食生产持续稳产增产。

第三、非常规水资源开发利用。对于能源系统而言，一方面，能源生产

污废水的净化处理会消耗额外电力，增加总能耗，同时污水处理也是氧化亚氮等非二氧化碳温室气体排放的重要来源之一，这与能源政策的节能降碳目标存在相互牵制；另一方面，在黄河流域煤炭开采生产中提高矿井水综合利用率的目标对于破解能源生产的水资源约束、优化水资源配置大有裨益。对于农业系统而言，增加粮食生产或渔业养殖的污水收集处理，提高废水重复利用目标，能够促进农业实现面源污染的治理目标。

（二）能源系统政策目标与水、粮食政策目标

黄河流域能源发展既要满足全国能源安全供应保障要求，又要大力推进绿色清洁低碳转型，目前主要采取合理控制化石能源开发强度、加强煤炭托底安全保障、大力发展可再生能源、化石能源清洁高效利用（能效提升）等具体措施。

从化石能源发展上看，黄河流域中上游是全国煤炭、油气生产供应的重心，顺应碳达峰碳中和目标下的化石能源开发利用退出不可能特别激进。而煤炭开采生产、现代煤化工会对水资源大量取用消耗，加之化石能源开采生产对地表水、地表水的水生态环境造成不可忽视、难以完全修复的破坏干扰，黄河流域达成全国化石能源供应保障目标难免对水资源利用、水环境保护修复、水生态综合治理产生一定程度的牵制。水系统是一个天空与地面、内陆与海洋、地表与地下循环的大系统，化石能源生产开采对水的负面影响必然会辐射至农业及其他部门，例如，煤炭开采疏干水使地下含水层降低，致使土壤板结化、盐渍化，影响粮食作物生产。

从可再生能源发展上看，其对水、粮食系统的影响比较复杂，需要结合项目选址具体判断。冲突关系可能包括风电、太阳能发电、水电等在选址时侵占耕地或生态保护区，部分可再生能源项目建设和运行可能会对水生态系统和生物多样性造成影响。在各种可再生能源中，水电和抽水蓄能由于更多

依赖水系统，其发展对能源的贡献支撑与水资源利用、水生态环境保护方面更需权衡考虑，比如水电下游水资源利用量减少或是水库建设破坏原有生态栖息地。

（三）粮食系统政策目标与水、能源政策目标

同全国其他省份一样，黄河流域各省份粮食系统的政策目标以保障粮食安全为导向，主要包括严守耕地红线、农业增产稳产、加强农业减排固碳能力、提高粮食系统适应气候变化能力等方面。

粮食系统政策目标与水系统的双向协同性最强。以提升农业生产效率稳产增产为例，该政策有利于优化水资源配置格局和提高水资源利用效率，从而提升水生态系统支撑生产、蓄水防洪以及水灾害应对能力。反过来，水系统的上述政策目标又可以使得农业生产效率增强。

粮食系统与能源系统既存在协同又存在冲突。协同表现为推进生物质能多元化利用将农业废弃物作为原料，通过能源就近利用的模式可以满足农业生产和农村生活的能源需求。冲突体现在严守耕地红线上，表面上表现为对煤炭产业的无序扩张起到了约束作用。然而，就黄河流域部分水资源极为短缺地区的煤炭生产来说，这一政策目标其实是倒逼了能源产业空间布局的进一步调整，也即在约束的前提下得以优化。

四、黄河流域水、能源、粮食政策手段协同性评价

除了政策目标外，具体政策手段之间的衔接配合对于实现统一的优化目标也极为关键。政策措施大体划分为工程（技术）型、政府主导型、市场主导型、自愿型4种类型，其中工程（技术）型和政府主导型政策使用得更加频繁。

（一）各类政策之间的协同

各种类型的政策经排列组合后会产生不同的政策效果，也即在协同性上表现各异，具体如下。

经济财税政策与工程项目、技术创新相结合，会形成促进“水－能源－粮食”协调、健康、可持续发展的正向作用。从节水政策看，水资源配置工程和节水技术的推广应用都需要大量资金，可能出现资金难以筹集的情况，而经济财税政策能提供很好的支持，形成直接或间接的正向激励。对于节能政策的作用机理和效果也类似。

结构调整与工程项目、技术创新相结合，同样会形成促进作用。结构优化措施的推进中离不开工程项目的应用，也离不开技术创新，比如，能源结构调整需要新的应用场景的工程和技术支撑。结构调整措施无论在产业类型、产品结构上还是在空间布局上都属于源头性的措施，对产业本身高质量发展和水生态环境可持续所起的作用是长期且深刻的。然而，目前这类政策的使用比例偏少，应当加大使用比例和应用范围。此外，后续随着黄河流域生态保护和高质量发展战略的持续深入推进，围绕“水－能源－粮食”单一或多系统的工程项目会更加密集谋划建设，技术创新也会更加频繁进行，应当更加注重结构调整措施与工程项目、技术创新的协调优化，更大程度发挥各项政策措施间的协同效果。

监管考核、宣传引导与工程项目、技术创新相结合，可能会形成一定的制约阻碍。这主要是因为政府在监管考核或宣传引导过程中，没有带来工程项目应用或技术创新的明确导向，或者是提供的工程、技术信息（如规模、布局等）有偏差，从而导致实施主体在行为上与政策预期效果产生一定程度的偏离。监管考核、宣传引导这两项措施的应用频率很高，从黄河流域“水－能源－粮食”协调发展的角度加以优化很有必要，但是需要高度重视如何利用好这类措施。

（二）水资源经济手段的协同

黄河流域“水-能源-粮食”协调发展的核心要素在水，相对于政府主导的行政管控手段，市场型的经济手段更具灵活性和效率性，是未来推进三种系统综合管理优化的主要政策机制。本部分重点分析水系统相关的经济手段的协同性。沿黄各省区目前使用的水系统经济市场手段包括水资源财政性支出、水资源税、水价和水权交易四类。

从单一手段看，水资源财政性支出、水资源税等财税政策能够带来显著的水资源优化配置和能源、农业的节水效果。黄河流域下游的河南、山东，中游的山西、陕西、内蒙古以及上游的宁夏是我国水资源税改革试点省份，从其试点效果看均不同程度实现了对地表水取用的削减以及工业、农业、生活用水效率提高的目的。此外，由于财政税收手段对水资源、能源、粮食的均衡数量影响较弱且不易引起经济系统其他变量的波动，当需要将保证经济系统稳定作为前提条件时，财税政策为优选项。水价、水权交易属于价格市场类政策，同财政税收政策相比，实现相同节水目标所需的成本更低，在效率上更有优势。但一般会造成水资源、粮食、能源均衡数量的变动从而引起经济系统其他变量的波动。

从组合手段看，财税政策和市场政策搭配使用与单一政策的使用对优化政策目标的实现有进一步改善加成的作用。这是因为这两类政策对供需的作用机理和影响程度不同，比如，财税手段对供给方的影响大于需求方，价格市场手段对需求方的影响大于供给方，组合使用能够实现成本抵消、优势互补。然而，相关研究证实，水资源财政性支出、水资源税、水价、水权交易等所有手段全部应用并不能进一步提高政策的综合效果，甚至同单一政策相比都没有明显改善。所以，在实际中可以结合需要重点调整的对象以及所解决的水资源配置关键问题各选择一种财税类政策和一种价格市场政策来精简政策，在实现预期政策目标的同时又能给市场以较为明确的信号。

此外，时间尺度也是涉水经济政策类型选择的考虑因素。水价政策属于激进政策，适用于政策大幅调整阶段。一旦实现了大部分政策目标，就应开始以改善价格形成机制为着力点加以健全完善。而水资源财税政策属于温和型政策，适用于政策目标已经基本实现的中后期阶段。

第三篇

问题篇

第六章
黄河流域“水-能源-粮食”协调发展存在的问题

推进黄河流域“水-能源-粮食”协调发展存在的问题，既有先天资源禀赋因素，也有历史上长期积累问题的集中显现，还有政策体系和体制机制的不完善、不健全。黄河流域“水-能源-粮食”发展的不协调主要表现为“六个不匹配”：一是水资源与能源、耕地等资源要素在时空分布上不匹配；二是水资源支撑能力与国家对流域的能源、粮食安全保障定位不匹配；三是水生态环境脆弱，承载力与经济社会发展需求不匹配；四是能源、农业用水效率与较高的水资源节约集约利用目标要求不匹配；五是政策手段缺乏协调配合，政策体系与构建激励约束机制的导向不匹配；六是在水、能源、粮食要素管理上统筹协同不够，与协同治理的理念不匹配。

一、水资源与能源、耕地等资源要素在时空分布上不匹配

（一）化石能源与水资源呈现明显逆向分布

以煤炭为主的化石能源储藏、开采和生产集中在黄河流域“几”字弯地

区，从较大范围看包括晋陕蒙甘宁五省区。根据《中国矿产资源报告2023》公布的数据，2022年，晋陕蒙甘宁五省区煤炭、石油、天然气、煤层气储量分别为1230.29亿吨、101323.42万吨、24758.61亿立方米、3548.73亿立方米，占沿黄九省区的比重分别为89%、75%、58%、99%，占全国的比重分别为59%、27%、37%、97%。从化石能源开采生产来看，2023年，晋陕蒙甘宁五省区的原煤、原油、天然气、液化天然气、煤层气、焦炭产量分别为34.88亿吨、3944万吨、770亿立方米、1387.15万吨、121.42亿立方米、21118.3万吨，占沿黄九省区的比重分别为94%、59%、54%、84%、97%、77%，占全国的比重分别为75%、19%、34%、68%、87%、43%。在火电方面，黄河流域“几”字弯地区也是火电主力，是全国重要的煤电基地，分布有山西、鄂尔多斯、陕北、宁东等国家大型煤电基地。2023年，晋陕蒙甘宁五省区的火电装机量、发电量占黄河流域的比重分别为59%和63%，占全国的比重接近25%。

而从水资源禀赋条件来看，黄河流域“几”字弯地区是黄河流域水资源最为匮乏的地区。晋陕蒙宁位于黄河流域的33个地级市中，符合国际通行极度缺水地区标准（人均水资源量小于500立方米）的有16个，占比约一半；符合重度缺水地区标准（人均水资源量小于1000立方米）的有26个，占比接近80%（见图6-1）。宁夏全域都属于极度缺水地区。宁夏、内蒙古两省区中，除乌兰察布外，其余11个地级市2023年人均水资源量同2022年相比进一步下降。

晋陕蒙宁四省区以不足全国1%的用水支撑了70%以上的煤炭、煤化工生产，而其核心区包括宁东、陕北、内蒙古西部在内的能源“金三角”煤炭储量占全国的27%，水资源仅占全国的不到1%。因此，造成了能源生产耗水总量虽不大，但与农业等其他高需水高耗水行业“争水”的问题。

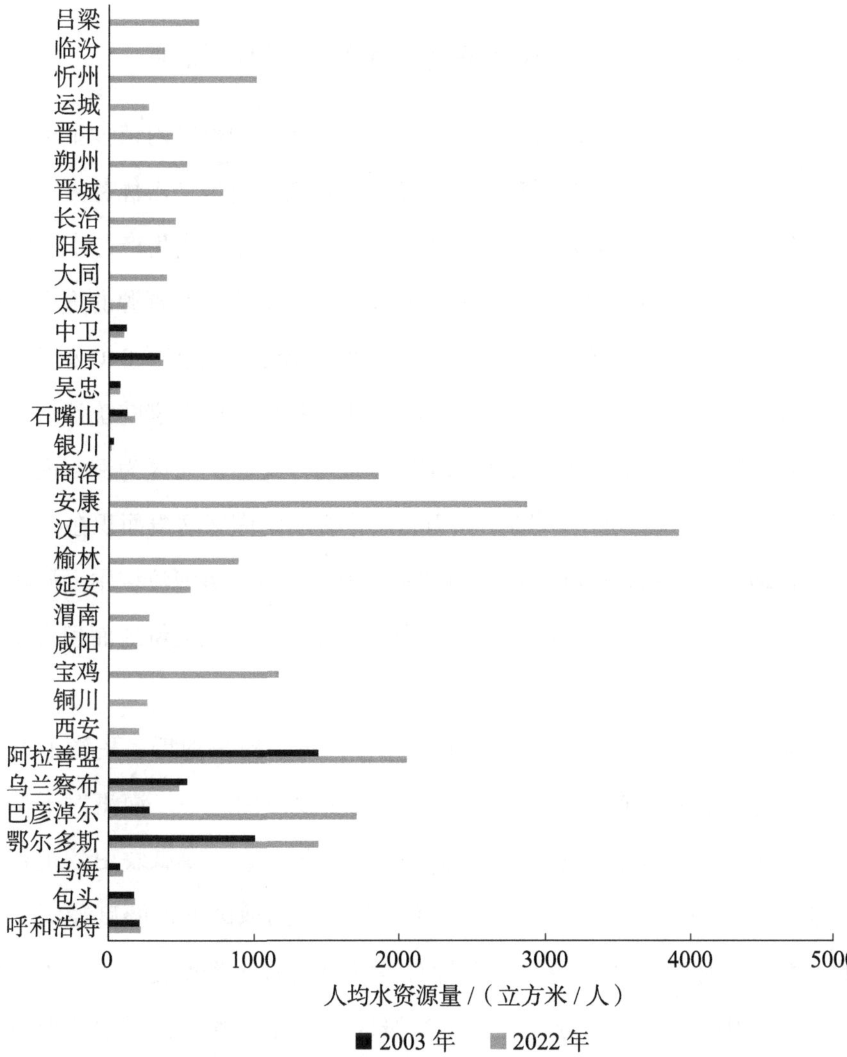

图6-1　晋陕蒙宁位于黄河流域的地市人均水资源量情况

资料来源：根据晋陕蒙宁四省区2022年水资源公报、蒙宁两省区2023年水资源公报计算整理。

（二）粮食生产北移西移造成其与水资源的错配加剧

近年来，随着粮食生产北移或西移，我国国土空间范围内粮食生产需水与水资源供给的匹配程度在不断降低。2022年以前的耕地“占优补劣”使得我国产粮重心不断向中上游干旱区移动，进一步加剧了粮食生产与水资源的矛盾。通过计算2000—2022年我国粮食产量、播种面积和水资源的重心距离及演变轨迹，发现粮食产量和水资源的重心相距较远，达到了840公里，且在20余年的时间内两者距离增幅超过100公里。据中国科学家院统计，沿黄新开垦的耕地中有一半位于水资源赤字区。以位于宁蒙的灌区为例，内蒙古河套灌区灌溉面积较2000年增加300万亩，宁夏引黄灌区灌溉面积在2000—2020年也增长近30%。这种水资源的空间错配也造成了黄河流域中上游耕地利用率水平较低，继而影响粮食生产效率，例如，西北地区耕地面积占比约为1/4，但粮食产量却不足15%[59]。

黄河流域作为我国耕地后备资源的重点区域，对耕地后备资源的开发利用也是造成粮食生产与水资源错配加剧的主要原因之一。灌溉对干旱地区的粮食增产作用显著，根据水利部的调查，北方地区灌溉农田的粮食产量比非灌溉农田的产量高1～3倍，并且越干旱的地区增产幅度越大[60]。因此，黄河流域粮食作物生产本身就对灌溉用水的依赖程度高，我国七大农业主产区中有5个区均分布在常年灌溉区和补充灌溉区，其中黄淮海平原、汾渭平原、河套灌区3个区位于黄河流域。黄河流域的耕地后备资源主要分布在中上游甘宁蒙三省区和下游豫鲁两省，甘肃、宁夏等上游省份的耕地后备资源多属于荒草地、裸露地，因气候干旱、风沙、低温等环境条件，若要维持正常的粮食生产，需进一步增加水源供给；而河南、山东等下游省份的滩涂湿地在耕地后备资源中占有较大比例，下游通常地下水矿化度较高，且因为存在咸潮入侵，土壤盐碱化较为常见，导致作物种植除了生长需水外，还需要额外的盐分淋洗用水，也会进一步增加粮食生产用水。

二、水资源支撑能力与国家对流域能源、粮食安全保障定位不匹配

（一）资源型缺水与污染型缺水交织

如前所述，黄河流域水资源严重短缺，由于流域大部分位于胡焕庸线以西的干旱、半干旱地区，降水少、蒸发大、产水系数低，导致河道径流量小，从水资源量上就与南方地区无法相提并论。此外，黄河流域河道普遍呈现出流量年际分布不均的特征，汛期7月至10月的径流量占比全年超过60%，因此很多支流在非汛期出现断流，造成了水环境容量的剧烈波动。时而有水、时而无水的水环境本底容易形成污染型缺水，一定程度上削弱了水资源对于经济社会的长期稳定支撑能力。例如，湟水河（西宁段）新宁桥断面水质在汛期为Ⅴ类，在枯水期会恶化，达到劣Ⅴ类的程度。

（二）农业、工业用水缺口较大

黄河流域农业用水每年缺口约为50亿立方米。按当前的产量和用水效率估算，流域内有约740万亩农田缺乏灌溉水源，占流域内有效灌溉农田总面积的8.4%[61]。一些用水定额标准难以满足作物正常生长需求，如在宁夏、甘肃部分采用滴灌区域，作物全生育期用水总量普遍大于灌溉定额，按照灌溉定额难以满足作物正常生长需求。特别是，随着引水量的减少，灌溉定额要进一步增加才能维持原本的产量和质量。对河套灌区的一项研究显示[62]，

在未来年引水量从40亿立方米逐渐缩减至32亿立方米的过程中，农作物的亩均灌溉定额需从54立方米/公顷增至205.5立方米/公顷。此外，很多地区即使采用非充分灌溉制度，现状灌溉亩均用水量也没有达到相应作物正常生长需求。

工业用水每年缺口近10亿立方米。根据中国水利水电科学院赵勇、何凡、何国华等人的研究[63]，黄河流域工业用水每年缺口达8.2亿立方米。除上游青海、四川外，其他省区都存在不同程度的工业用水缺口，其中陕西、内蒙古、宁夏、甘肃为缺水量流域排名前四的省区，缺口分别达到2.71亿立方米、2.60亿立方米、1.12亿立方米、0.95亿立方米，其余甘肃、山西、河南、山东等省区的缺水量为0.19亿～0.36亿立方米。工业缺水量集中在“几”字弯地区，与煤电、煤化工等能源化工产业发展密切相关。例如，宁夏近几年规划建设能源化工项目发展用水空间需全部通过存量节约和水权转换取得，能源、化工、冶炼等地方支柱产业发展空间受到较大制约。

（三）非常规水开发还十分不够

2022年我国再生水利用率为28.6%，黄河中上游青海、四川、甘肃、陕西、山西五省区的再生水利用率低于全国平均水平（见表6-1）。在沿黄九省区位于黄河流域的76个地级市中，有30个左右的城市2022年再生水利用率低于全国平均水平。陕西汉中、安康和甘肃兰州、陇南的再生水利用率低于5%，山西吕梁、陕西商洛的再生水利用率为5%～10%，太原、阳泉、济源、咸阳、榆林、平凉的再生水利用率为10%～20%。山西太原、甘肃兰州、青海西宁作为省会城市，其再生水利用率远低于其他省区的省会城市。从省级和地市级层面可以看出，黄河流域中上游城市再生水利用率较低，下游城市明显较高。

表6-1　2022年沿黄九省区再生水利用率

地区	污水处理量/万立方米	再生水利用量/万立方米	再生水利用率/%
青海	17850	4490	25.2
四川	299179	78341	26.2
甘肃	45454	9299	20.5
宁夏	28867	13077	45.3
内蒙古	62992	30167	47.9
陕西	167964	44098	26.3
山西	108068	25132	23.3
河南	258804	117129	45.3
山东	364460	189665	52.0
全国	6268888	1795475	28.6

资料来源：根据《2022年中国城市建设统计年鉴-2022》整理。

注：再生水利用率=再生水利用量/污水处理量×100%。

据中国工程院调查，当前黄河流域矿井水利用率只有50%左右，远低于全国平均水平（79.3%）。榆林、宁东等重要的煤炭开采和能源化工基地的矿井水利用率也不到50%。究其原因，水质高污染和水量季节波动造成了矿井水的难处理难利用。一方面，黄河流域矿井水呈现明显的高矿化度特征，矿化度普遍在1000毫克/升以上。大型煤矿的矿井水矿化度还在不断升高，神东矿区矿化度由十年前的500～800毫克/升增至当前的1000～2000毫克/升。为满足排放利用要求，处理高矿化度水需配置包含近20个单元的深度除盐工艺，成本高达近20元/立方米，是人工湖蒸发等常规手段的3～4倍。除盐分外，流域内矿井水还含有较高浓度的氟化物、油类、纤维类悬浮物等污染物，易对除盐环节使用的超滤膜造成腐蚀污堵，影响净化效果。另一方面，在降雨丰沛的每年7月至9月，黄河流域矿井水涌出会提高10%～50%，季节差异性也在一定程度上加大了矿井水利用难度。除水质和水量因素外，黄河流域支撑非常规水回收利用的基础设施建设较为滞后，配套管网建设不完善，存在众多“最后一公里”空白的问题，严重影响了非常规水源利用的覆盖面和可达性，限制了非常规水的应用普及。

三、水生态环境脆弱，承载力与经济社会发展需求不匹配

（一）干支流水环境质量改善不同步，部分支流水质仍较差

2020年以来，黄河干流水质向好趋势明显，根据中国环境监测总站公布的《全国地表水水质月报》数据，黄河干流Ⅰ类和Ⅱ类水质监测断面比例由2020年的78.5%大幅提升至2024年的94.4%，Ⅴ类和劣Ⅴ类水质监测断面比例几乎稳定在0。除2024年2月外，2024年上半年黄河干流也有5个月Ⅳ类水质监测断面比例达到0。与干流相反，支流水污染形势依然严峻、不容乐观。2024年1—6月，在215个支流监测断面中，Ⅴ类和劣Ⅴ类水质断面比例仍有6%；Ⅱ类及以上水质断面比例仅约40%，与干流水质差距巨大。除四川、青海外，其余沿黄省份境内均有重度污染河流，主要包括甘肃境内的祖厉河、马莲河，宁夏境内的苦水河，内蒙古境内的都思兔河，陕西境内的金水沟，河南境内的金堤河以及山东境内的柴汶河等。表6-2列举了2024年1—6月黄河支流中重度和中度污染的河流名单。相比地表水，地下水环境质量更差。四川、甘肃、陕西等省份有14%～18%的监测点位仍为Ⅴ类水质。

表6-2　2024年1—6月黄河支流重度、中度污染河流

月　份	重度污染	中度污染
2024年1月	苦水河、都思兔河	祖厉河、马莲河、散渡河、湫水河、孤山川、漆水河、北洛河、金水沟

续表

月　份	重度污染	中度污染
2024年2月	清河、苦水河、都思兔河、金水沟、马莲河	总干渠、湫水河、祖厉河
2024年3月	小韦河、散渡河、苦水河、都思兔河、金水沟	三水河、柴汶河、涑水河、漆水河、磁窑河、祖厉河、马莲河
2024年4月	苦水河	涑水河、朱家川河、白河（汇入榆溪河）、总排干、小韦河、马莲河、散渡河
2024年5月	小韦河、马莲河、都思兔河、苦水河	涝河、双桥河、祖厉河
2024年6月	柴汶河、都思兔河、金堤河、金水沟、马莲河	清河、祖厉河

资料来源：根据中国环境监测总站发布的《全国地表水水质月报》整理。

化学需氧量、高锰酸盐指数、五日生化需氧量是黄河流域主要污染指标。2024年6月《全国地表水水质月报》数据显示，三者超标断面数量分别为27、14和8个。如前所述，黄河流域的化学需氧量排放主要来自农业面源污染，夏季降水量充沛，面源污染负荷增强，使得水污染负荷呈现明显的季节性特征。以汾河为例，Ⅴ类和劣Ⅴ类水质几乎集中出现在每年的5月至8月，2022年5—8月，Ⅴ类及以下水质断面比例有3个月达到25%；2023年7月和8月，Ⅴ类及以下水质断面比例分别为18%和8%；2024年6月，Ⅴ类水质断面比例为17%。

（二）生态流量保障程度较低，地下水依然过度开发利用

近两年黄河水量偏少，干流头道拐和利津水文站断面出现生态水量亏空。同黄河干流相比，位于中游地区的一级支流甚至更末端的“毛细血管”生态基流保障程度更低。渭河主要断面月均保证率最低值小于35%[64]，汾

河流域27条主要河流中常年及间歇性断流的比重超过40%，岚河、潇河、浍河等汾河主要支流生态缺水频率极高[65]。生态流量保障程度低直接导致了湿地萎缩退化趋势仍未得到有效逆转。与此同时，滩涂、滩地、自然湖泊等自然湿地或萎缩消失或是被水库、坑塘、氧化塘等人工湿地替代。在黄河流域新增湿地中有相当大一部分为人工湿地，据统计，黄河流域湿地分布最为集中的黄河三角洲在近20年新增湿地面积累计超过1400平方公里，但其中人工湿地占比超过八成，自然湿地不足二成。人工湿地增长速度快、自然湿地增长缓慢导致即使湿地总面积保持稳定，其生态功能质量也会有所下降。

对地下水的过度开发利用是影响干扰水生态的关键因素。黄河流域地下水开发利用率已经达到34%，接近警戒线。全流域都存在地下水位下降的情况，据2023年《黄河流域水资源公报》数据，2023年黄河流域浅层地下水总监测面积为10.1585万平方公里，其蓄水量同比减少11.702亿立方米；同时着重监测了宁夏、内蒙古、陕西、河南四省区的23个地下水超采区，2023年超采区总面积达13164平方公里，有6个区域面积有所扩大。较大范围的地下水位下降区域被称为降落漏斗。据中国水利水电科学研究院调查统计，黄河流域主要的地下水降落漏斗有21处，其中大型（大于1000平方公里）有1处，中型（50～1000平方公里）有7处。黄河流域的农业、工业（特别是能源开采生产）取用地下水的现象仍较为普遍，成为降落漏斗形成的主要原因。在农业生产方面，黄河流域的河套灌区、汾渭平原和下游河南、山东仍有相当部分农业生产依靠地下水。黄河下游在近十年受农业生产影响，地下水位下降区面积达到3044平方公里，地下水储藏量减少约1.9亿立方米。在能源开采生产方面，井工煤炭开采本身就会疏干地下水，油气开采特别是水力压裂技术也会带来水生态环境负面影响。能源生产开采对地下水影响最严重的区域是位于黄河流域“几”字弯地区的鄂尔多斯盆地。

（三）高污染企业沿黄河干支流集聚分布，污染风险较高

具有高污染风险的企业主要包括采矿、制造、能源、化工等行业。针对黄河流域及“几”字弯地区、部分典型省区的研究揭示，黄河流域高污染企业在空间布局上表现为典型的集聚形态，各省份多呈现出“中心集聚”“中心集聚连片”的分布形态。其中，青海、陕西为“中心集聚”特征，甘肃、内蒙古为“中心集聚—多点分散”特征，四川、陕西、河南、山东为“中心集聚连片—多点分散”特征，宁夏则呈现出“中心集聚连片”特征。从具体分布格局看，无论是废水型、废气型还是固废型企业，都具有沿黄河干流或支流集聚的特点。以化工企业为例，据初步统计，长江、黄河流域沿江沿河分布的化工企业数量占全国比重超过50%，体量庞大。具体来看，废水型高污染企业主要在宁夏沿黄河干流、陕西渭河（黄河一级支流）、甘肃兰州沿黄河干流和湟水河（黄河一级支流）集聚；废气型高污染企业主要在宁夏沿黄河干流、山西汾河（黄河一级支流）、甘肃兰州沿黄河干流集聚；固废型高污染企业主要在甘肃、河南、山东等省份沿黄河干流集聚。

企业集聚分布的典型载体是工业园区，近几年，沿黄各地市很多尚未进驻工业园区或集聚区的企业也被要求迁入合规园区。学界普遍认为，工业集聚到一定规模能够带来污染排放强度的降低。但是从实际情况看，沿黄各地工业污染物排放强度仍较高，以工业废水主要污染物排放强度为例，2022年，除陕西、山西、山东外，其余省份的单位GDP化学需氧量排放和单位GDP总氮排放均高于全国平均水平。调研中发现，水污染处理还普遍存在未全面稳定达到一级A标准的情况，甚至部分地区仍有偷排漏排的现象。其原因一方面同综合型工业园区废水成分复杂、处理难度增大、工艺要求提高、成本上升有关，另一方面是水处理标准和接纳排放标准没有很好的衔接等管理制度不优造成。

四、能源、农业用水效率与较高的水资源节约集约利用目标要求不匹配

（一）能源用水效率在局部环节和局部地区亟待提升

尽管黄河流域工业、能源的用水效率处于较高水平，然而作为受到水资源严重约束的“能源流域”，要想满足化石能源供应保障的要求和实现高耗水能源产业的可持续发展，黄河流域必须在能源生产的各个区域和环节，全面达到国内甚至国际先进水平。对标该目标，流域内某些省份、某些环节还存在着较为显著的差距，亟待提升。

在煤炭开采方面，甘肃、宁夏的单位采煤用水量高于全国先进水平20%～40%。在煤炭洗选加工方面，甘肃的单位洗煤用水量高于全国先进水平50%以上。在燃煤发电方面，甘肃、陕西的单位发电量用水量远高于全国先进水平，达到2倍以上。就现代煤化工产业而言，一方面，宁夏、内蒙古等部分项目的单位产品用水量还未达到国家或行业已经出台的推荐性标准；另一方面，据中国化工经济技术发展中心统计，近几年，黄河流域生产煤制油、煤制乙二醇等的单位取水量不降反升，2023年，煤制油、煤制天然气单位产品取水量分别为7.4吨/吨、6.3吨/千标准立方米，同2021年相比均增长了10%以上。此外，对于部分属于“首台套”的示范性项目，虽然从设计指标上看用水效率比较先进，但正因是示范项目，在实际运行过程中易受装备、煤质、管理等因素影响呈现出非正常工况的状态，从而导致实际用水单耗出现波动，超过设计值。

（二）中上游农业灌区灌溉用水效率提升空间还很大

按照农田灌溉水有效利用系数衡量，黄河流域中上游省区在农业灌溉上

仍有较大的节水潜力，其中又以分布于其中的大中型灌区为挖潜提升的重点。黄河流域大中型灌区大多建于20世纪50年代至70年代，建设年代久远，灌区工程普遍存在建设标准同新时期农业节水要求相比偏低的问题，突出表现为末端灌排设施缺乏、现代化计量监管装备不齐，导致灌区内农业灌溉用水效率与国内先进地区相比还有很大差距。以宁夏青铜峡灌区、内蒙古河套灌区两个特大型灌区为例，虽然两个灌区近几年实施了灌区续建配套及节水改造、规模化节水灌溉等深度节水控水工程，但青铜峡灌区的农田灌溉水有效利用系数仅为0.342，仍低于全国平均水平（0.572），河套灌区也仅有0.42，其中的乌拉特灌域甚至只有0.41[62]。主要有以下三方面原因。

一是骨干渠系供水保障率较低。黄河流域引黄灌区，特别是大型灌区所设计的供水保障率只有50%～75%，达不到小定额高频次节水灌溉90%的要求。近几年开展的灌区现代化改造的重点举措之一就是通过实施渠道衬砌工程提高供水保障率，但是目前黄河流域大中型灌区的骨干渠道衬砌率依然偏低，如青铜峡灌区还有272.9公里干渠及支干渠未砌护，占渠道总长的26.1%，河套灌区未完成衬砌任务的骨干渠道占比达65.2%[66]。

二是灌溉方式和种植结构还有优化空间。首先，黄河流域中上游引黄灌区仍有相当比例灌溉面积采用井灌，使用地下水由于增加了灌溉次数、提高了灌溉保证率，其灌溉定额普遍高于黄河水灌溉，研究显示不同作物井灌（地面灌）比黄河水灌溉（地面灌）的用水量增加10%～20%。其次，当前推行的以滴灌为主的节水灌溉方式，对于玉米等作物种植用水量的节约并不明显，内蒙古巴彦淖尔种植玉米在采用滴灌后亩均灌溉用水量比地面灌增加了40%以上[67]，滴灌因提高了灌溉保证率，反而使得总灌溉用水量加大。最后，宁夏等引黄灌区长久以来种植水稻，也造成了灌溉用水的增加。水稻本身灌溉用水量大：据宁夏2023年发布的各行业用水定额（修订版），北部引黄灌区水稻在控制灌溉和常规灌溉的用水定额分别为830立方米/亩、1050

立方米/亩，是春小麦、冬小麦、玉米等其他作物的4～6倍。此外，宁夏种植在盐碱地上的水稻面积超过70%，为保证水稻数量和品质，盐碱地水稻需进一步加大非生育期用水量。

三是对秋浇、冬灌水定额管理不够，水浪费较大。黄河流域中上游因气候干旱，盐碱地分布广，作物普遍采用秋浇、冬灌等方式进行非生育期补水，用以淋洗土壤盐分。中上游灌区秋浇、冬灌的用水总量大，占全年灌溉用水总量的比重达1/4～1/3，如宁夏北部引黄灌区春小麦生育期用水定额为230～250立方米/亩，冬灌用水定额为60立方米/亩。作物非生育期用水存在灌溉方式粗放、定额管理不优等问题。在灌溉方式上，内蒙古、宁夏部分区域秋浇、冬灌还采用漫灌方式，除了因土地不平整形成水洼地造成浪费之外，相当一部分研究证实漫灌对盐分的淋洗不一定比滴灌、间歇灌溉等节水灌溉方式充分彻底；此外，部分区域秋浇与春汇、冬灌与春灌存在重复灌溉，进一步加剧了水资源浪费。在用水定额管理上，内蒙古尚未制定秋浇定额标准，河套灌区秋浇定额高达200～300立方米/亩，远高于条件相似的青铜峡灌区所规定的60立方米/亩；宁夏虽制定了相关标准，但灌区的作物非生育期实际用水量要高于定额，据估计，青铜峡灌区实际引水量为110立方米/亩，高出定额达50立方米/亩。

五、政策手段缺乏协调配合，政策体系与构建激励约束机制的导向不匹配

（一）政策类型不均衡

在推动水、能源、粮食三者协调的政策手段中，行政规制类政策措施运用更多。从第五章相关政策梳理结果看，结构调整、工程项目、技术创新

等政府主导型政策类型使用频率占比位居前三，而经济财税政策的使用比例仅位居第四。在经济类措施中，也是以财政税收等政府主导性更强的手段为主。高度依赖政府主导型政策类型会带来一些困难。一是进一步增加政府负担。涉及水和粮食的领域往往具有公益性质，关联项目或工程投入资金多为政府承担。二是无法形成有效激励。以农业水价为例，政府或水行政主管部门长期执行低于取用水成本的农业水价，收入无法覆盖水利基础设施的运营维护成本，农业水利基础设施普遍存在建设水平低下、计量体系不配套、资产管护不善的问题，最终影响农业节水效果。三是无法真正调动社会力量。民营企业的投融资和技术创新机制更加灵活，若设计恰当合理的回报收益机制，社会力量参与效果可能会更好，目前这块还比较薄弱。

（二）行政规制类政策约束引导不足

一是法律法规等具有较强约束力的文件体现“水－能源－粮食”关联或协同的条款少。目前仅有新颁布实施的《黄河保护法》中有体现水资源与能源、粮食等产业发展的条款，而针对单个要素出台的法律法规，则或者没有与其他要素的关联互动的规定，或者仅为原则性规定。以能源法律体系为例，目前已正式实施的法律法规颁布年代较早，基于当时的形势要求没有充分体现“能源－水”协同协调方面的内容。《中华人民共和国煤炭法》（2016年第四次修正）仅在第十九条体现了煤炭规划建设生产阶段的生态环境保护要求，较为笼统，对水资源和水生态无明确要求。《中华人民共和国电力法》（2018年第三次修正）仅第十七条同水相关，也仅笼统地提到了电力企业依法取水、用水，应当节约用水。

二是由于高位阶约束性法律法规的缺失，主管部门出台的文件也以规范性文件为主，约束力不强，引导性偏弱。例如，2013年颁布的《水利部办公厅关于做好大型煤电基地开发规划水资源论证工作的意见》（水办资源〔2013〕234号），明确规定“煤电规划实施的水资源条件”“水资源承载能力评估及水资源配置方案”“煤电规划实施对区域水资源及第三方可能产生的影响评估”等作为煤电规划水资源论证的主要内容，但是该水资源论证报告书经水利部审查后连同审查意见最终报送给国家能源主管部门后，仅作为国家能源主管部门在决策时的参考，而非能否进行相关建设的决定性因素。2020年自然资源部印发的《绿色矿山评价指标》，围绕矿区环境、资源开发方式、资源综合利用、节能减排、科技创新与智能矿山、企业管理与企业形象6方面设置了24项二级指标和100项三级指标，但是水治理指标仅作为资源综合利用、节能减排一级指标下设的二级指标，赋分总计仅130分。即使水治理指标得分全部为0，也有可能满足800分的绿色矿山得分要求。

三是地方在执行行政规制类政策中的相关要求时普遍存在打折扣的现象。例如，沿黄一些县市在发布的能源产业“十四五”规划中仅有万元GDP用水下降率指标。由于万元GDP用水量仅从经济产出用水效率的角度考虑水资源利用，所以可能出现对单位耗水高、经济贡献大的能源产业，如煤化工、石油化工等产业节水方面的约束与引导不足。又如，目前取水、用水定额标准为推荐标准，企业实际超定额的情况比较常见。在调研中了解到，某些地区部分煤制烯烃项目单位用水量超过50立方米/吨，高于2022年出台的行业标准《取水定额煤制烯烃》HG/T 6127—2022中限额值23立方米/吨。

（三）经济市场类政策有效激励不够

本部分着重探索水资源税、水价、水权交易三种同水资源优化配置相关的经济市场类手段。在水资源税方面，主要存在税率设置、税收优惠对象精细化不足的问题。对于农业用水而言，按照《扩大水资源税改革试点实施办法》（财税〔2017〕80号）的规定，对规定限额内的农业生产取用水免税。但是黄河流域部分地区设置的免征额较高，农业用水基本均能享受减免政策，导致水资源税未能对农业节水起到有效的激励作用。对于工业用水而言，部分省份未对研发节水新技术和实现转型升级的企业给予税收优惠政策，未对高效节水的取用水企业给予一定的税收减免。还有些地方对高耗水企业无差别设置高税率，致使税负能力较弱的企业不堪重负，又难以对税负能力强的企业的违规取用水行为起到约束作用。

在水价方面，主要存在价格基准设置较低、差异化程度不足等问题。农业水价偏低，价格水平无法弥补农田水利基础设施的建设和运营维护成本，如河套灌区骨干工程农业水价仅为成本水价的67%～84%。末级渠系水价改革没有全面推行，仍沿用按亩收费的老思路，对设施运营主体来说缺乏提高效率和改进经营水平的动力。工业用水价格没有对不同用水效率的企业实行差异化，高耗水企业节水意愿不足。黄河流域城市供水水价也有收取过低的问题，据水利部发展研究中心一项研究显示[68]，当前甘肃、宁夏、内蒙古、陕西、山西、河南、山东执行的居民水价分别仅是供水核定成本的44%、25%～50%、66%、33%、50%、21%、38%。

在水权交易方面，主要存在交易模式仍偏单一，多元化尝试不够的问题，使得其资源优化配置的作用未完全发挥。当前黄河流域中上游省区水权交易主要模式为农业灌溉结余水量有偿转让给工业企业，未来随着农业节水量减小，此种方式将难以为继，工业用水成本的过分提高也将损害工业企业利益。除此以外，沿黄各省区对农户之间、工业行业之间、地区之间等其他主体开展水权交易的探索几乎没有，水权交易实质上无法在更大范围发挥资源优化配置的作用。

六、水、能源、粮食等要素管理统筹不够，与协同治理的理念不匹配

（一）当前水资源分配管理方式有优化潜力

黄河流域九省区分配的地表水资源量还是以1987年印发的《国务院办公厅转发国家计委和水电部关于黄河可供水量分配方案报告的通知》（以下简称“八七”分水方案）为根本依据。近几年，随着南水北调东线、中线的投入建成以及黄河流域天然径流的减少，水利部对“八七”分水方案进行了微调，将九省区黄河水的分水指标减少了7%。水利部黄河水利委员会据此统一制定调度年份黄河水量分配方案，统一制定月旬水量调度方案。但当前，黄河流域社会经济和生态环境状况都发生了明显变化，黄河流域的用水需求和水文特征也都出现了较大的变化，导致“八七”分水方案已不适应黄河流域各省区的用水形势变化。

一是近几年黄河“几”字弯地区上游省份工业和生活需水大幅提升，然而“八七”分水方案只考虑了宁夏和内蒙古的农业灌溉用水需求，导致能源、化工等工业发展用水受到较大制约。二是水利工程的建设对冲沙水量和各省份供水格局产生了显著影响，但相关因素都未在分水方案中加以考虑。例如，黄河干流潼关站1999—2017年沙量为2.46亿吨，相比1987—1998年减少一半以上，干流泥沙量的大幅减少意味着有可能需要减少冲沙水量和生态水量。南水北调东线和中线、永定河引黄生态补水、引汉济渭等跨流域调水工程改变了山东、河南、山西、陕西等省份的供水结构，同步影响了对黄河水的依赖程度。三是“八七”分水方案只考虑地表水未考虑地下水，可能会导致水生态系统的不可持续，进而影响水资源对黄河流域经济社会发展的

支撑能力。

（二）部门在政策制定和执行时的统筹还需加强

水、能源、粮食相关事务涉及众多管理部门，推动其协调需要多部门协同管理。然而，由于在分工上难以避免重叠交叉，政府部门在协同过程中天然就会存在部门保护主义和“搭便车”现象。部门保护主义体现在即使明确统一了协同治理目标，各部门也会基于自身利益考量，在实际中采取相对独立的措施，“铁路警察、各管一段”。“搭便车”则体现在即使加入了协同治理，在治理过程中也会尽可能减少投入，降低治理成本。如此一来，容易出现政策取向的不一致，从而在施行过程中产生矛盾冲突。例如，农业灌溉用水补贴政策在促进粮食生产的同时，会因提水灌溉成本的降低导致过度开采地下水；大规模、长距离的水资源配置工程会增加供水系统的能源消耗和碳排放，不利于“水－能源”系统的协调发展；水权置换没有前瞻性的考虑环境、能源、粮食需求而出现闲置。

此外，由于缺乏统筹，某些分属不同部门、但是针对同一事物的管理制度也可能出现“打架”的情况。例如，在水资源税征收上，税务部门有水资源税税源信息采集表，水利部门有围绕取水许可证发放的各类登记表。从实地调研看，部分地区存在取水许可证的发放地、水量与税务部门登记地、水量不相符的现象。

（三）部门协同的机制制度还需进一步建立健全

《黄河保护法》规定了协同推进黄河流域生态保护和高质量发展，但是仅作了原则性规定，在生态保护与修复、水资源节约集约利用、污染防治、促进高质量发展等章节并未对如何落实协同治理、采取何种具体的措施作出阐述。已经出台的针对水、能源、粮食的法律法规或政策文件会涉及部门职责分工，但对于在职能交叉时如何划分职责范围、如何担责等鲜有规定，导致在职权适用不清时，部门间可能出现协调失灵的问题。此外，当前主要采用成立领导小组、召开部门联席会议、联合执法等部门协同治理形式，但是协同的内容主要还是分配任务和提出要求[69]，不涉及跨部门协同治理的具体程序，也极少涉及对于冲突事项的商议解决，致使在真正需要协同的事项上指导性不强。

影响部门协同效果很重要的因素是当前支撑“水－能源－粮食”协调的数据信息共享机制不完善，各部门数据信息交换不畅、来源单一。有些部门以数据安全为由建立仅供供需双方可见的信息渠道，数据信息壁垒的存在降低了跨部门协同治理的效率，也降低了监管的有效性。例如，水资源的综合管理要兼顾考虑水质和水量，然而在实际中，管理水量的流域机构和管理水质的生态环境部门对于同一流域的监测布点和数据采集都缺乏统筹与共享。

第七章
黄河流域“水-能源-粮食”协调发展面临的风险挑战

一、近中期水资源供需矛盾仍将加剧

（一）水资源供给存在“天花板”

河道径流量是反映水资源量最为直接的因素。用黄河流域上中下游唐乃亥、头道拐、花园口和利津4个水文站的径流量监测数据代表黄河干流径流量的变化规律，监测发现1998—2023年4个水文站实测径流量虽在年际上有波动，但大体上呈现增加趋势，这与近几年西北地区气候暖湿化趋势有关（见图7-1）。

然而，与过去相比，黄河流域径流量还是呈现出较为明显的衰减趋势。如表7-1所示，除唐乃亥外，2023年黄河干流其余10个水文站实测径流量同1956—2016年多年平均值相比均有不同程度下降，中游龙门站下降幅度达到27.9%，其次为利津站，降幅为17.7%。上游石嘴山站、中游三门峡站、下游高村站的降幅也都超过10%。黄河支流17个水文站中径流量衰减幅度最大的达到93.3%，位于皇甫川的皇甫水文站。部分学者采用M-K

非参数检验法、累积距平法、小波分析、双累积曲线等统计手段分析了1960—2020年黄河干流主要水文站的径流量变化，结果也支撑了径流量下降的结论。

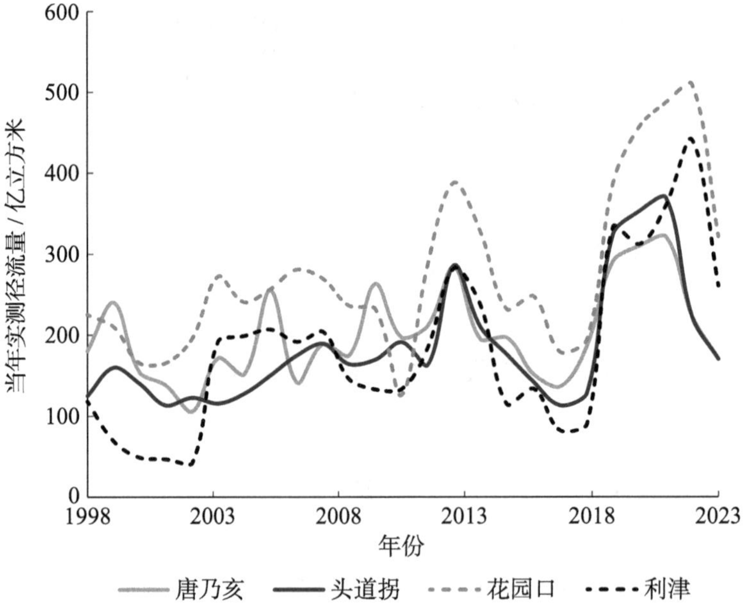

图7-1　1998—2023年黄河干流4个主要水文站实测径流量变化

数据来源：根据1998—2023年黄河水资源公报数据整理绘制。

表7-1　2023年黄河干流水文站实测径流量和与过去平均值比较

序号	水文站	当年实测径流量/亿立方米	与1956—2016年均值比较变化幅度/%
1	唐乃亥	220.7	10.9
2	贵德	190.9	−4.6
3	兰州	294.0	−3.3
4	下河沿	279.2	−6.7
5	石嘴山	237.8	−11.4
6	头道拐	173.4	−16.0

续表

序号	水文站	当年实测径流量/亿立方米	与1956—2016年均值比较变化幅度/%
7	龙门	180.0	−27.9
8	三门峡	284.2	−11.7
9	花园口	307.1	−13.5
10	高村	281.9	−14.8
11	利津	226.5	−17.7

数据来源：《黄河水资源公报2023》。

展望未来，绝大多数研究认为黄河流域径流量将会下降。Yuan等[70]对比多项研究结果，得出未来黄河流域天然径流量较1986—2010年会出现一定增长，但整体上低于1961—1985年水平。李晓宇等[71]预测到2050年和2100年花园口年径流量分别为520.1亿～533亿立方米和491.1亿～501.2亿立方米，较1961—2000年的历史均值分别减少5.2%～7.5%和10.9%～12.7%。周祖昊等人研究测算了6种气候模式下黄河流域唐乃亥、兰州、头道拐、龙门、三门峡、花园口6个水文断面天然径流量。结果显示各站径流量在未来均会下降，2050水平年（2041—2060年平均）天然径流量较2016年降幅达6.2%～11.9%，最大降幅发生在唐乃亥断面，唐乃亥、兰州、头道拐等上游断面2070水平年（2061—2080年平均）天然径流量较2050水平年进一步降低2.1%～2.8%（见图7-2）。

根据气候变化研究成果，黄河流域未来降水量会有所增加，因此学界普遍认为在2035年前一段时期黄河流域将处于降水相对丰沛的时期，但受气温升高影响，蒸发量也在显著增加，加上农业灌溉、地下水开发、水土保持等生态建设下垫面产生的显著改变，导致了以径流量为表征的水资源量进一步减少。相关研究显示，2035年黄河流域可供水资源量为450亿～480亿立方米，2022年黄河总供水量为491.01亿立方米，高于预测的2035年可供水量，意味着水资源供给存在“天花板”。

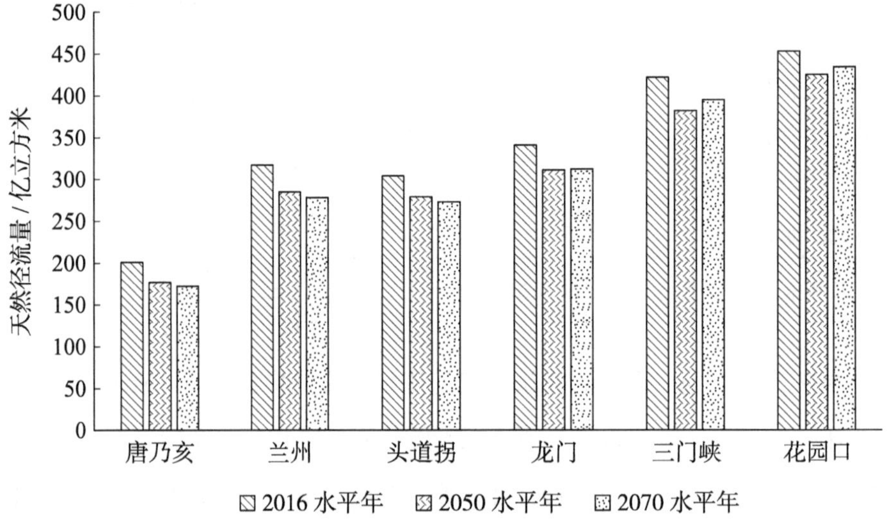

图 7–2　黄河干流主要水文站未来径流量变化

数据来源：周祖昊，严子奇，刘佳嘉，等。黄河流域径流变化与趋势预测［M］. 北京：科学出版社，2021。

（二）近期能源水足迹仍将增长

通过对黄河流域各省区能源发展“十四五”及相关规划提出的目标进行梳理汇总（见表7–2），发现未来黄河流域能源发展主要遵循两个趋势。

表 7–2　黄河流域各省区（除四川外）未来能源发展目标汇总

省　区	能源发展目标
青海	未来着重打造国家清洁能源高地。青海“十四五”期间煤炭、火电产能或装机量基本不变，分别保持在1000万吨和393万千瓦的规模。水电、风电、光伏发电、光热发电、生物质发电等清洁能源装机量预计在“十四五”末、“十五五”末分别达到8906万千瓦和12824万千瓦，同2020年相比分别增加1倍多和近3倍。在氢能方面，青海提出2025年、2030年绿氢产能分别达到4万吨和30万吨的目标，在2030年特别提到了有5万吨要外输其他省份

续表

省 区	能源发展目标
甘肃	“十四五”期间煤炭、石油、常规天然气、火电等规模持续扩大，“十四五”末生产能力或装机量分别达到7000万吨、1140万吨、20亿立方米、3558万千瓦。水电小幅增长至1000万千瓦。风电、太阳能发电增速最快，2025年要分别达到2020年的2倍和3倍多。同青海一样，甘肃也将着重推动光热发电的技术攻关和应用。2025年绿氢生产能力约达到20万吨
宁夏	“十四五”期间煤炭增产较为可观，由2020年的8152万吨增至1亿吨左右，年均增速4%。在可再生能源中，光伏发电增加显著，由2020年的1197.1万千瓦增至3250万千瓦，年均增速高达22%。此外，常规天然气、火电、风电均有不同程度的增长。氢能方面，根据规划，宁夏2025年、2030年绿氢生产能力将分别达到8万吨和30万吨
内蒙古	“十四五”期间煤炭产能将几乎保持不变，石油、天然气产能有小幅增加，火电装机增量较大。2025年可再生能源电力装机量预计达到2020年的2.5倍，增速可观。其中，风电、光伏发电是增加体量最大的两种电源形式。内蒙古可再生能源形式多样，光热发电、生物质发电均有一定程度发展。此外，内蒙古也将着力推进地热能、生物质能应用于供热清洁替代。2025年，内蒙古灰氢、绿氢制备产能将分别达到100万吨和50万吨
陕西	“十四五”期间煤炭、石油、常规天然气、火电等规模持续扩大，“十四五”末生产能力或装机量分别达到7.4亿吨、2700万吨、527.4亿立方米和7100万千瓦。可再生能源发电也发展迅速，2025年水电、风电、光伏发电的装机量预计分别约为2020年的2倍、3倍和3倍，另规划了约100万千瓦的生物质发电
山西	“十四五”期间将控制化石能源生产规模，煤炭产量稳定在10亿吨左右。火电装机增长6.8%。风电、太阳能发电、生物质发电2025年装机规模预计分别达到2020年的1.5倍、3.8倍和1.6倍。地热能将作为供热清洁能源重要来源之一，供热面积由2020年的1200万平方米增至2025年的2000万平方米。此外，陕西非常规油气之煤层气的开发已初具规模，当前产量达到85.9亿立方米，预计“十四五”期间能够维持甚至增加
河南	“十四五”期间化石能源开采生产量增幅不大。为应对保供，煤炭产能稳定在1.4亿吨/年。火电装机容量增幅达8.4%。风电、光伏发电、生物质发电为主要的三种可再生能源发电形式，预计“十四五”期间装机容量增量翻番。同时，河南将增加地热能、生物质能在供热领域的应用范围，地热能供热面积扩大5000万平方米，生物质能供热量增加30万吨

续表

省　区	能源发展目标
山东	“十四五”期间煤炭、石油、常规天然气、火电的产量和装机量都有所压减。可再生能源中着力推进风电、光伏发电和生物质发电，三者总计装机量预计2025年相比2020年翻番。目前山东生物质发电装机量全国第一，“十四五”末小幅增加，在黄河流域各省份中仍居前列。除发电外，相关规划指出生物质能供热面积在2025年力争达到3500万平方米。此外，核电装机在“十四五”期间也将有显著增加，核能也计划被应用于供热领域

资料来源：根据各省区能源、煤炭、可再生能源、电力等相关“十四五”规划整理汇总。

一是黄河流域化石能源产量近期略增、远期下降。“十四五”期间，黄河流域煤炭、石油等一次能源产量将均有所增加，预计煤炭产量从2020年的30.9亿吨增至2025年的31.7亿吨，原油产量从2020年的6418万吨增至2025年的6613万吨。2025年以后，在2030年前实现碳达峰的目标要求下，全国的煤炭、石油生产规模将逐渐缩减。按照黄河流域保障全国煤炭供应80%、石油生产30%的比例折算，2030年黄河流域煤炭、石油产量约分别为30亿吨和6500万吨，2035年进一步减少，分别为27亿吨和6200万吨。

二是黄河流域电源结构向以可再生能源为主体快速迈进。根据各省份公布的“十四五”能源规划，黄河流域2025年火电、水电、风电、光伏等主要电源装机容量预计分别达到57051万千瓦、14600万千瓦、25801万千瓦、32718万千瓦。2025年的电源结构中，火电约占43%，不再是主体能源。2025年之后，风电、光伏将延续“十四五”期间的增长态势，2035年全流域风电、光伏装机容量将分别达到5.3亿千瓦、6.7亿千瓦，相比2025年总装机容量再翻番。火电作为配合可再生能源的调峰电源，装机容量也略有增加，预计达到7亿千瓦。水电开发以四川为主，按目前增幅预计2035年达到1.9亿千瓦。2035年的电源构成中，火电占比仅为1/3，风电、光伏两者相加接近60%。

如前所述，采用综合水足迹这一指标来衡量能源对水资源的消耗。根据本书第三章表3-1～表3-3所展示的各种能源品种综合水足迹，同未来能源发展规模相乘获得某一能源品种的水足迹，再把所有能源品种水足迹加总即得到能源总体对水资源的消耗情况。结果显示，黄河流域2020年能源产品总水足迹为1322.2亿吨。2020—2025年，由于化石能源规模的扩大，2025年总水足迹增长至1382.9亿吨。随后，随着煤炭、石油等化石能源生产的减少，2025—2030年总水足迹略微下降，2030年为1361亿吨，但是相比2020年仍有3%左右的增长。2030—2035年，可再生能源规模扩大和利用率的提高推动其节水效应逐渐显现，能源生产总体水足迹降幅明显，据测算，2035年水足迹为1247亿吨，同2020年相比削减约6%，相比2025更是削减了10%以上。在各能源品种中，煤炭生产贡献了80%以上的水足迹，因此尽管流域内可再生能源规模在2020—2035年翻了两番，其节水效应仍一定程度被黄河流域煤炭生产对全国的供应所抵消。

（三）2035年前粮食灌溉用水持续增加

从需求侧看，黄河流域是我国传统的小麦、玉米和薯类作物的优势种植区，根据中国农业科学院农业信息研究所的研究成果[72]，在居民饮食消费结构向烘焙休闲类面食和健康杂粮优化转变的推动下，未来我国对小麦、玉米的消费需求将呈现增长态势。从生产侧看，当前我国“北粮南运”的格局已经形成，在既定条件下南方地区、东北地区和华北地区的粮食增产潜力均有限。黄河流域粮食生产功能在近几年得以强化，流域内小麦、玉米、土豆等产量持续增加，除稻谷以外，其余粮食作物在满足本地自给的同时还有剩余部分销售至流域外其他省区。考虑到粮食生产潜力，首先，流域内各省区仍可通过技术进步、生产组织方式优化等措施进一步提高农业生产效率；其次，在上中下游均广泛存在着优质耕地后备资源和适宜改造的盐碱地，耕地开发潜力较大；最后，通过采用水资源优化配置、种植结构调整、深度节水控水等措施，在解决水资源短缺的掣肘后，黄河流域粮食生产具备较大的增产潜力，在我国粮食安全保障中的地位也会进一步提升。

粮食生产用水总量主要由粮食生产规模、生产结构和用水效率的变化决定。本书认为黄河流域粮食生产结构在2035年前基本保持不变，因此用水总量由生产规模和用水效率决定。在用水效率中，重点考虑农田有效灌溉面积和灌溉亩均用水量两个指标。在农田有效灌溉面积方面，据统计，黄河流域及下游引黄灌区目前农田有效灌溉面积约为1.29亿亩。其中，大型灌区85处共计8172万亩，中型灌区695处共计1671万亩，中大型灌区灌溉面积占比接近八成。2012年，水利部启动编制《全国现代灌溉发展规划》，提到在巩固提升已有灌区效益基础上，根据各地区水土资源条件并结合水调度规划和水源工程，适当新增灌区，其中黄河流域规划新建、续建灌区47处，新增灌区面积约850万亩（其中农田约620万亩）。在灌溉亩均用水量方面，其同农田灌溉有效利用系数密切相关。我国农田灌溉有效利用系数在过去21年间持续提高，从2000年的0.43增至2023年的0.576，参考相关研究成果[73]，2035年前黄河流域农田灌溉水有效利用系数将达到0.6以上。灌溉亩均用水保持与之下降速度，同时考虑边际效益递减，降幅约7%。

展望未来，设定农田有效灌溉面积不变和灌溉面积适当增加两种情景，情景关键参数设置见表7-3。农田有效灌溉面积不变情景是严格落实《黄河流域生态保护和高质量发展规划纲要》中“以水定城、以水定地、以水定人、以水定产”原则和“针对农业生产中用水粗放等问题，严格农业用水总量控制”的任务要求，围绕“以大中型灌区为重点推进灌溉体系现代化改造，推进高标准农田建设，打造高效节水灌溉示范区，稳步提升灌溉水利用效率”等提质增效的目标展开，因此灌溉面积则保持稳定甚至可能收缩。而农田灌溉面积适当增加情景则是以《全国现代灌溉发展规划》为依据，在青海、甘肃、宁夏、内蒙古和陕西等黄河中上游省区引水调水工程推进比较顺利和耕地后备资源得到有效开发的条件下，预计较目前新增6.5%的有效灌溉面积，总计新增约850万亩。结果显示，在农田有效灌溉面积不变的情景下，测算2035年农田灌溉用水量预计达287亿立方米；在农田有效灌溉面积增加6.5%的情景下，测算2035年总用水量为301亿立方米。同2022年黄河流域农业用水264.79亿立方米相比，两种情景下农业灌溉用水量均有所增长。增幅分别为8.4%和13.7%。

表7-3 两种情景下黄河流域农业用水主要参数和结果

情景	2035年农田有效灌溉面积增加幅度/%	2035年农田灌溉水利用系数	农业用水量变化幅度/%（2035年相比2022年）
情景1	0	0.66	8.4
情景2	6.5	0.66	13.7

数据来源：笔者计算整理。

（四）生活和生态对水需求的扩大给能源、农业用水加压

随着城镇化建设以及对生态补水的日益重视，黄河流域生活、生态用水总量和比重持续增加。2015—2022年，黄河流域中上游六省区生活用水、生态用水占比分别提高15个百分点、5～7个百分点。未来，以流域内分布的兰州—西宁、宁夏沿黄、“几”字弯地区、关中平原、中原、山东半岛等城市群或都市圈为带动经济社会发展还会进一步拉动生活、生态用水增长。据测算，2035年生活、生态用水需求在2021年的基础上约有14%的增幅，具体见图7-3。沿黄九省区2035年的生活需水量相比2021年有17%的增幅，以陕西、河南、山东等中下游省份为主，与这些省份人口密度大、城镇化率高、城市空间形态发育程度高等因素相关；生态需水量2035年相比2022年有9.6%的

增幅，以甘肃、内蒙古、山西、河南等省份为主。在水资源总量几无增长的情况下，生活、生态用水的增加对能源、农业生产造成的压力加大。

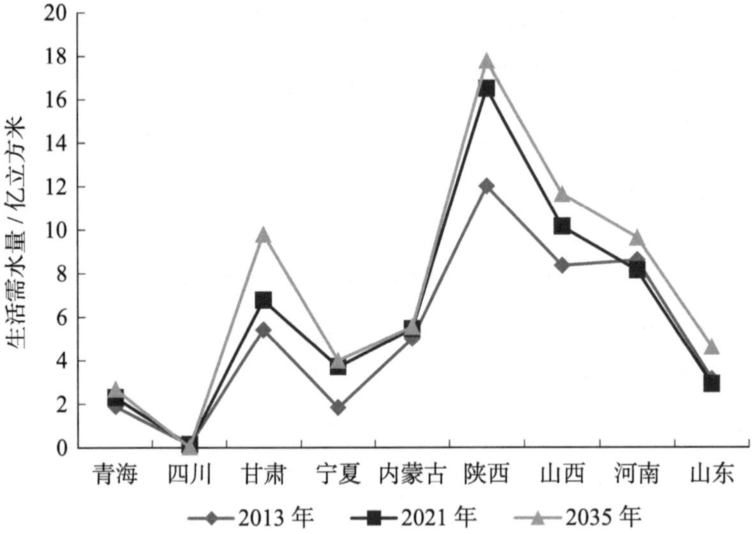

（a）九省区生活需水量

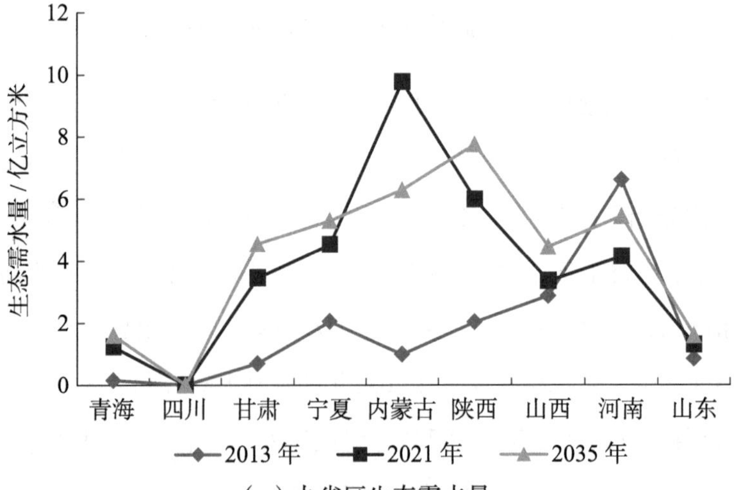

（a）九省区生态需水量

图7–3　黄河流域九省区2013年、2021年和2035年生活、生活需水量

随着工业化和城镇化进程加快，即使未来按照相关政策要求采用节水措施，黄河流域水资源需求还是会持续增长，2035年生产（含工业、农业）、生活、生态总计需水量达到543.63亿立方米，同相关研究成果预测的需水量499.99亿～548.43亿立方米基本吻合。在黄河流域常规水资源供给总量一定甚至是在下降的情况下，供需缺口也会不断加大，水资源供需矛盾将进一步加剧。预计到2030年左右最大缺口将达到120亿立方米以上（见图7–4）。此后，随着单位产值需水量不断下降、再生水利用率不断提高，水资源供需不平衡局面有所缓解，水资源供需缺口虽略有下降但也将保持在100亿立方米以上的水平。分省区看，青海和四川水资源供应较为充足，不存在供需缺口，内蒙古、山东、甘肃水资源供需缺口相对较大，尤其是内蒙古水资源供需缺口扩大趋势极其明显。

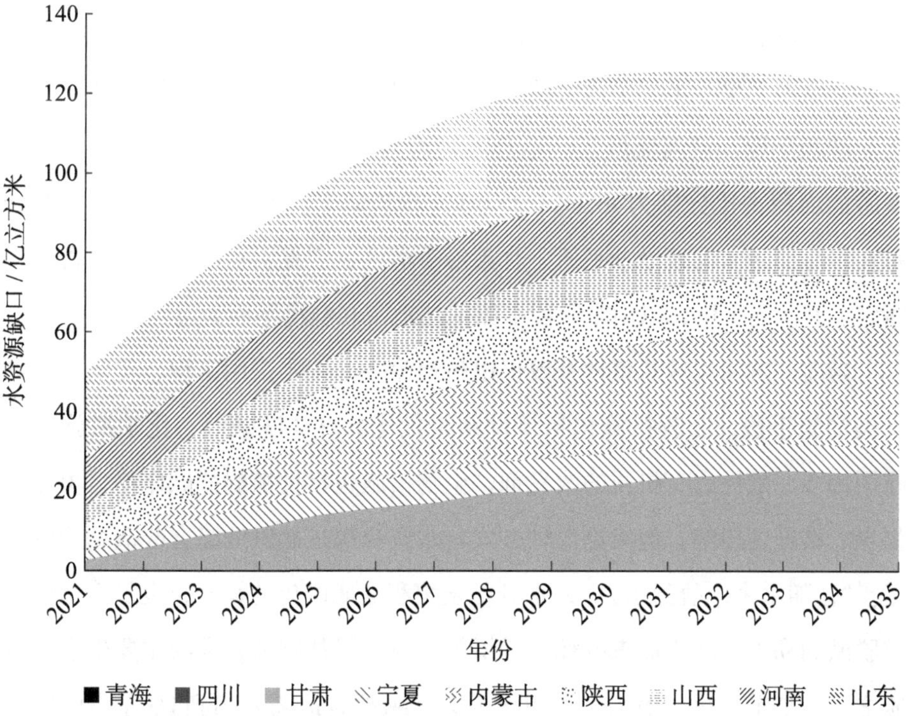

图7–4　按当前发展趋势黄河流域2035年水资源供需缺口分析

二、需要关注潜在的不平衡风险

（一）盐碱地综合改造利用与水资源支撑保障能力的平衡

作为非传统耕地资源，盐碱地是粮食增产的“潜在粮仓”，对于提升我国粮食安全保障能力、农业综合生产能力至关重要。习近平总书记在2023年7月20日二十届中央财经委员会第二次会议上发表关于加强耕地保护和盐碱地综合利用的讲话，特别强调了盐碱地综合改造利用是耕地保护和改良的重要方面，要开展盐碱地综合改造利用，要充分挖掘盐碱地开发利用潜力，加强现有盐碱耕地改造提升，有效遏制耕地盐碱化趋势，稳步拓展农业生产空间，提高农业综合生产能力，做好盐碱地特色农业大文章。黄河流域盐碱地主要分布在干旱、半干旱地区的绿洲地带以及海岸地区、大河流域和土壤肥沃的冲积平原。黄河流域盐碱地总面积约为2.07万平方公里，上游、中游、下游的面积占比分别为46.3%、25.0%、28.7%[74]。上游面积最广，主要分布在青海柴达木盆地沿湖平原、甘肃沿黄灌区、宁夏引黄灌区和内蒙古河套灌区。其次是下游，以山东鲁西平原低洼地带和滨海平原为主。

当前，黄河流域盐碱地开发仍以耕地为主，主要采用工程、化学、生物三类措施手段，工程措施包括灌排系统优化、淋盐洗碱等，化学措施则为施用钙质、酸性或有机质的改良剂，生物措施包括种植耐盐碱作物、覆盖生物炭、秸秆还田等。但无论何种方式，水资源都是盐碱地综合改造利用的关键。“盐随水来，盐随水去”，水既是土壤积盐或碱化的媒介，也是土壤脱盐或脱碱的动力，随之而来的耗水量增加，就成了盐碱地开发的主要生态负效应之一。如前所述，黄河上游引黄灌区盐碱地普遍需要用到1/3左右的农业用水用于土壤排盐控盐，而黄河下游三角洲湿地滨海滩涂盐碱耕地种植作物也需额外增加15%左右的农业用水用于根系淋洗控盐。

因此对于黄河流域而言，未来如果加大盐碱地作为耕地后备资源的开发力度，农业生产灌溉需水超出水资源供给的风险将进一步增大。左强等[75]对黄河三角洲核心区盐碱地改造利用的研究显示，作物生长需水量加上根系淋洗需水量的总灌溉需水量为6.64亿～7.42亿立方米/年，但按照目前山东东营市分配的黄河引水量，年供需缺口已经达到1.97亿～3.19亿立方米。可见，现有农作物种植和盐碱地改良的需求都已经比较难以满足，更遑论更大规模的盐碱地开发利用。此外，从土地性质的产水角度看，将盐碱地大规模开发为耕地或恢复为生态用地的产水量下降最为明显，产水量下降意味着需要补给更多的水资源，无疑会增加当地水资源供给压力。综上所述，应强化盐碱地综合改造利用耗水与区域水资源开发保护的平衡，做好各类水资源和盐碱地开发利用形式的统筹，以水定地、因地制宜。

（二）农业极限节水与区域生态安全的平衡

农业节水是黄河流域水资源节约集约利用的重要抓手。尤其对于中上游干旱、半干旱地区而言，农业节水是现代化农业生产模式的核心，对于提高水资源利用效率、缓解区域水资源供需矛盾、实现节水和增产双赢具有重要意义。但同时需要看到，黄河流域中上游农业大多以灌区形式发展，是所谓的绿洲型农业，水这一生态要素受到人类活动和天然环境的双重影响。因此，农业节水不仅会对区域水的循环与平衡产生影响，更会对生态环境格局产生影响。基于此，学界广泛认为干旱、半干旱地区的生态水文过程对农业用水活动的响应非常敏感，农业节水如果超出一定程度，即所谓的极限节水，就可能对生态环境产生消极影响，影响绿洲生态的稳定性。

首先，突出表现为节水灌溉导致地表水埋深增大，减少了天然植被赖以生存的地下水补给。黄河流域灌区一般采用渠系灌溉方式，灌区周边地下水补给的主要方式为灌渠下渗。近年来随着农业深度节水控水，沿黄灌区灌溉水量显著减少，导致地下水埋深增大。例如，针对石羊河、黑河、塔里木河、河套灌区、宁夏引黄灌区等的相关研究都表明，农业节水是导致当地地下水埋深增大最主要的原因。由于地下水位下降，灌区内的植被生长需水不够，出现一定数量的死亡，农田生态系统（如西北防护林）等退化。其次，对于需要秋浇、冬灌等土壤淋洗排盐的灌溉，若长期采用滴灌等高效节水的灌溉方式，可能引发土壤的次生盐碱化问题。最后，灌区的灌溉渠系经渠道衬砌等现代化改造后使得渠床四周土壤水分减少，渠道两旁的植物多样性下降。

因此，在推进黄河流域农业深度节水控水的过程中，要高度关注并加强对绿洲农业适宜节水水平、适宜灌溉规模和用水量与生态稳定性的互馈等方面的研究，今后在农业生产和生态环境变化的复杂性和不确定性增加的情况下，充分发挥农业节水的各项举措的积极效应，降低其对生态的负面影响。

（三）可再生能源开发与水生态环境影响的平衡

未来黄河流域能源结构将向以可再生能源为主体加速演变。但是从本书第三章的表3-3可以看出，水电、生物质、光热发电、氢能等能源形式的综合水足迹相较于风电、光伏等而言较高，从水资源利用的角度需要强化对这些可再生能源与水资源、水生态、水环境平衡的考量。

水力发电。水电的水足迹高达7.5升/千瓦时，比煤电还要高出2.4倍。以往认为水电站的净耗水几乎为零，但近期研究发现，水电站也是重要的水资源消耗者。国外学者基于35个水力发电站水足迹研究发现，如果没有建设水坝和水库，水资源就不易蒸发进而保留在河流内形成地表径流。水电站淹没面积越大，蒸发越多，水电站对水资源的消耗就越大。水电站和抽水蓄能电站把水存蓄起来后导致地表径流缺失或不满足生态基流的要求，也会对水生态功能的稳定性产生影响。

生物质。据相关研究，生物质焚烧发电的水足迹为42.12升/千瓦时，远远高于煤电水足迹，前者为后者的19倍；燃料乙醇的平均水足迹为40升/兆焦，超出常规化石汽油水足迹的50%以上。这一方面与我国生物质利用过程中能源投入较多有关，另一方面我国农作物生产上施用化肥较多、节水潜力挖掘不够也是重要原因之一。

太阳能光热发电。光热发电的水足迹约为光伏发电的9倍，几乎同煤电的水足迹相当。其单位耗水量较高的原因在于需要一定的水量来补充蒸发损失掉的水分和清洗太阳能板。因此，对于青海、甘肃等黄河上游规划了不少光热发电项目的地区而言，考虑水资源条件优化光热发电的规模和空间布局就显得尤为重要。

氢能。化石能源制灰氢若以全生命周期作为边界，对水资源的消耗就不容忽视。就电解水制备绿氢而言，虽然从全周期、全流程看是零耗水，然而倘若制备和使用并不发生于同一地区，对制备绿氢的地区来说电解的水资源就是净消耗的。如果制备地区水资源严重短缺，发展氢能无疑会增加当地水资源压力。

碳捕集、利用与封存（CCUS）技术。从水足迹的角度，CCUS对所耦合的发电、化工生产全过程水耗提升显著，这是因为无论是燃烧后捕集技术还是直接空气捕集技术都额外需要大量的冷却水，冷却水系统的水损失构成CCUS技术最主要的水耗。Macknick等[76]统计了不同发电技术、不同冷却方式、是否使用CCUS的耗水、取水量，结果显示，采用CCUS技术后耗水量将增加65%，取水量将增加80%以上。

（四）流域保粮食安全、能源安全与虚拟水流动的平衡

我国因资源禀赋、经济定位、人口密度等因素，长期以来演变形成了粮

食生产上的“北粮南运”和能源生产上的“西电东送”“西气东输”“北煤南运”等资源配置格局。农业和能源是黄河流域的优势特色，在流域未来高质量发展中势必会得到强化，然而在全国资源配置的大格局下，黄河流域保障全国粮食安全、能源安全的地位也会同步增强。如前所述，当前黄河流域粮食和能源生产已经向区外输送了大量的虚拟水，而随着流域保障安全的功能增强，所承载的虚拟水外送通量势必会增加。水资源实质上以虚拟水的形式在黄河流域和其他省份之间再次分配，水资源由黄河流域这一相对缺水的区域向东南、南部、东北等相对丰水区域的转移，加大了流域本身的水资源压力，造成了水资源的空间失衡。根据测算，河南、山东的粮食输出虚拟水占本省总虚拟水的比重分别为27%、11%，宁夏、甘肃这一比重也分别达到了5%、2%；绝大多数沿黄省区能源输出虚拟水占本省总虚拟水比重超过30%，青海甚至超过70%。因此，未来在黄河流域能源和粮食生产规模和外送内销的布局上，要重视虚拟水资源流动量与输出地水资源相匹配和相平衡。

第四篇

调研篇

第八章
宁夏、内蒙古水权改革实践的调研与思考

一、缺水地区推进水权改革十分必要

我国水权改革是指建立健全用水权初始分配制度，推进用水权市场化交易的一系列举措。“八七分水”方案明确了沿黄各省区的初始用水量，揭开我国初始水权分配的序幕。1988年《中华人民共和国水法》明确规定水资源属于国家所有，其与1993年国务院发布的《取水许可证制度实施办法》一同构成我国水权管理的法律基础。2000年，浙江省东阳—义乌试行了全国首例水权转让。2005年开始，水利部等部门陆续出台《水利部关于水权转让的若干意见》（水政法〔2005〕11号）、《取水许可和水资源费征收管理条例》（中华人民共和国国务院令第460号）、《水量分配暂行办法》（水利部令第32号）、《水权交易管理暂行办法》（水政法〔2016〕156号）、《水利部、国家发展改革委、财政部关于水资源有偿使用制度改革的意见》（水资源〔2018〕60号）等文件，水权确权和转让制度逐渐成型。2000年至今，宁夏、内蒙古、甘肃、陕西等地陆续开展水权确权和水权转让（包括区域间、行业间等）。2022年，《水利部、国家发展改革委、财政部关于推进用水权改革的指导意见》（水资管〔2022〕333号）明确了水权改革的中远期目标。总体上，我国

水权改革是一个水权制度从无到有，水权从不可交易到可交易，政府管理不断完善，市场功能逐渐完备，社会参与持续增强的过程。

（一）有利于促进珍稀水资源的优化配置

缺水地区水资源十分宝贵。在经济社会高速发展时期，各行业对水资源的需求迅猛增加，经常出现“争水抢水”现象，仅靠传统的指标分配手段无法实现水资源的优化配置。

以黄河流域为例，黄河流域是我国重要的能源供给区、粮食主产区以及生态安全屏障。21世纪初，黄河流域经济社会开始快速发展，各方需水量快速增加，宁夏宁东能源基地、陕北榆林能源基地、内蒙古呼包鄂经济圈等地大量高耗水项目建设运行，河套灌区耕地面积扩大、内蒙古沿黄地区畜牧养殖规模扩大产生了新的农牧业用水需求，流域内城市和城市群扩张、城市功能升级提升了居民生活用水上限，一系列生态修复和治理工程也需要大量水资源予以维系。

面对如此多行业多样化的用水需求，推进水权改革，可以盘活存量水资源，通过跨时间、跨空间和跨行业调节，促进局部富余的水资源有效流转，一定程度上缓解用水压力，实现经济上的帕累托改进。

（二）有利于提高各部门用水效率

许多地区存在水资源短缺与浪费共存的现象，在农业领域浪费现象更为突出。以黄河流域为例，由于农田水利设施不完善、灌溉方式落后、农业组织化生产程度低、灌区水管理机制僵化、节水知识和技术欠缺等原因，农业用水效率偏低，与所面临的水资源严峻形势极不相符。从农田灌溉水有效利用系数这一指标看，2023年黄河流域各省区（除河南、山东外）系数基本为0.50～0.58，而发达国家普遍在0.6以上，澳大利亚、俄罗斯和以色列可以达到0.8甚至更高水平。需要重视的是，矿井水、再生水、雨水等宝贵的非常规水资源的利用率更低，黄河流域矿井水平均综合利用率仅为35%，远低于全国79%的平均水平，2022年流域内近一半的地级市再生水利用率低于28.6%的全国平均水平。

推进用水权改革，能够提高用水主体的水资源有偿使用意识和节水意识，引导用水主体主动采取各种节水技术措施，提高各部门用水效率，同时产生增加农民收入、带动工业企业技术升级、减少废水排放和减轻生态环境压力等其他效益。

（三）有利于促进落后地区更快更好发展

黄河流域许多地区的经济发展和居民收入低于全国平均水平，有些是贫困或特贫地区。这些地区靠自身力量很难实现经济上的破局，资金、技术、人才等都是很高的门槛。而谋划产业发展首先就面临水利、道路等公益性基础设施的设计建设，仅靠当地群众自筹经费，或仅靠中央和地方政府的财政支持，很难完成这些大型项目工程。通过水权改革，依法依规开放水资源开发使用权，可以鼓励各方投资水利、道路等基础设施，促进水资源向高价值端流动，显著提升水资源的经济效益，带动落后地区发展。在合作形式上，“建设—经营—转让”模式（BOT模式）、合作参股、合作管理、委托管理、异地建设等都有比较成功的案例。

二、宁夏、内蒙古等地的水权改革探索初具成效

（一）优化用水权初始分配，探索用水权有偿取得

2021年10月，宁夏在全国率先出台“四水四定”指标管控方案，以初

始水权分配为依据，从区域、行业、产业等方面对用水量进行重新分配，明确5年一调整的机制，打破了沿用十多年的“按需分配”用水分配格局，实行指标到县、分区管理。为防止取水许可出现“多取少用”等用水权闲置和浪费现象，在用水权初始分配环节，宁夏在全国率先探索有偿取得制度，积极推动闲置指标退出。2022年，宁夏按年度对无偿配置用水权工业企业以及新建、改建、扩建工业项目，按照特定的用水权价值基准，全面征收用水权有偿使用费。全自治区已累计征收用水权有偿使用费约2亿元，并回补到水利、节水等水资源管理领域。

（二）完善水资源确权登记

宁夏按照“四水四定”原则，发挥水资源作为准公共产品的自然属性和经济属性，全面进行农业、工业和规模化养殖业的水量确权工作。到2022年8月，确权工作全面完成，全自治区确权灌溉面积为1043万亩，农业用水确权水量为41.6亿立方米，建立工业企业用水台账3953家，工业用水确权总量为4.8亿立方米。宁夏水资源确权工作有效回答了水资源“归谁所有、为谁所用、如何确权、谁来监管、如何监管”等问题，初步形成了用水权“总量管控、定额分配、适宜单元、管理到户”的新模式。即以生产、生活和生态用水户初始水权分配水量为边界约束，根据取用水计量监测实际，以先进用水定额为主要依据考虑节水措施，将农业用水权确权到村组或最适宜计量单元管理到户；工业用水权确权到工业企业；规模化畜禽养殖业用水权确权到养殖企业、合作社或养殖大户。

（三）确定水权价值基准，建立分类定价加价机制

2022年，宁夏颁布实施《宁夏回族自治区用水权价值基准（试行）》（宁水改专办发〔2021〕3号），按照黄河水、地下水和山区地表水三大类对宁夏

用水权价值基准进行确定，为征缴用水权有偿使用费和制定交易基准价提供依据。最终确定9项水权价值基准。目前，22个县（区）已全部完成末级渠系农业水价成本测算和监审，12个县（区）执行新水价并出台精准补贴和节水奖励方案。

宁夏积极开展水价改革，实行分类定价。具体办法是，农业用水实行定额内优惠水价，对超定额20%（含20%）以内的农业用水加收1.4倍水费，超定额20%以上的加收3倍水费；城乡居民生活用水执行阶梯水价、超定额累进加价；工业用水每超计划量10%按现有供水价格的50%加价。节约用水的激励机制和避免浪费水的约束机制有效形成。

（四）政府推动水权交易，试点效益逐步显现

2013年，内蒙古成立内蒙古自治区水权收储转让中心，主要针对盟市间、行业、企业等节余水权收储转让设立交易平台，承担了农用水权置换的水银行作用。2014年，内蒙古实施盟市间黄河干流水权转让试点，主要加大对河套灌区进行节水工程投入，将农业节约水量转移给沿黄非农项目。截至2024年5月，内蒙古依托水权交易平台已转让黄河水4.43亿立方米，解决了260多个工业项目用水紧缺问题，为灌区筹措了60多亿元的节水改造资金。截至2024年6月，宁夏用水权交易突破9.7亿立方米，成交金额超过10亿元，解决了103家企业用水问题。

部分市县层级的水权改革有声有色，如宁夏青铜峡市搭建二级交易平台，建立权责明晰、精简高效的基层水管组织；宁夏贺兰县积极推动农业用水的社会化管理和社会资本参与；宁夏吴忠市建立水银行，实现水资源和水资产的转化。

黄河流域各地政府还在加强水权金融支持、开发优化水权交易市场工具和健全政府水权改革工作机制方面进行了有益探索。

三、水权改革推进过程中面临安全和平衡风险

当前，以黄河流域宁夏、内蒙古等缺水地区为代表，水权改革已在用水权确权、确定水权价值基准、合理制定分类水价、用水权收储、工农业和地区间水权转换试点等方面初见成效。在取得重要成绩、积累丰富经验的同时，水权改革也暴露出一些重大的安全隐患和风险。

（一）农业与生态用水空间可能被挤占

从单位用水量产生的经济效益看，工业可能是农业的十几倍甚至几十倍、上百倍，生态用水甚至根本不产生经济效益。因此，出于发展地方经济、增加居民收入等考虑，更多的农业、生态用水份额可能通过水权交易等形式，最终流入工业用水领域。但农业和生态用水短缺的压力却在逐渐增加。

以河套灌区（主要管理单位为内蒙古巴彦淖尔市）为例，在我国粮食生产重心北移和保障国家粮食安全的背景下，河套灌区灌溉面积已经从20世纪90年代末的861万亩增加到2022年的1138万亩，但是新扩灌的近300万亩并没有在水量配置上获得承认，农业用水总量甚至在“大节水”的背景下减少了十几亿立方米。水权转换则进一步扩大了用水缺口：巴彦淖尔市初始得到的耗水指标为40亿立方米，实际用水量45亿立方米，水权转换后仅约为38亿立方米，年缺水近7亿立方米。这些压力逢黄河枯水年更大。生态用水也存在被挤占风险。以乌梁素海为例，其生态补水大量依靠河套灌区农田退水。在农田用水供应不足的情况下，退排水随之减少，乌梁素海补水下降，引发盐分升高、面积萎缩、生物多样性减少等生态环境问题。

此外，水权交易还可能成为一些地方违规上马高耗水高污染项目的“挡箭牌”。一些原本用水不达标的工程项目，通过水权交易购买指标，再通过

环境评价和可行性研究报告上的“创新”，即可顺利通过验收。

（二）农民用水权益可能被损害

农民用水权益是指农民在生活用水和农业生产用水中应拥有的权利和利益，包含水量权益、水质权益和水价权益。水量权益是指农民在农业生产的过程中应当首先获得满足其自身生产需求的基本用水量，同时，在农业用水向城市、工业转移的时候农民应当获得与其用水权益相当的利益补偿。水质权益是指应当保障农民的生活饮水安全及生产用水环境的安全。水价权益是指有关部门应当科学合理地制定农业用水价格，不仅要鼓励农民节约用水，另外还要充分考虑当地农民对水价的经济承受能力，而政府也可以对水价中超出了农民承受能力的部分给予财政补偿。

经济社会快速发展和工业化城镇化进程加快产生大量用水需求，侵占农业用水的现象时有发生。同时，由于对农业用水权的转让管理不完善，导致水权在转让过程中缺少对农民的合理补偿，损害了农民利益。一些水权交易项目表面上看是几方共赢的好项目，但由于项目中缺乏对农民权益保护的专门论证，加之农民在文化教育、信息获取等方面的弱势地位，很容易在项目执行过程中发生损害农民权益的现象。进一步来说，水量、水价权益的损害一定程度上还能实现可控，而水质权益的损害则更加“伤筋动骨”。如果农业取水水源地受到污染，会使原有的农业用水失去使用价值，特别是重金属、新污染物等污染还存在不易被发现的风险，其治理修复成本远非农户自己可以承受，导致农民最基本的生产生活活动无法正常进行。

（三）监管不到位易引发非法套利、生态破坏等风险

水权在交易市场中既具有商品属性，也具有金融属性。水权首先作为商品可交易，企业、农户等基于需求进行水权交易，这类交易行为主要体现

出水权的商品属性，反映水资源本身供求关系变化对价格的作用。随着交易市场的扩大，水权作为一种特殊的、稀缺的有价经济资源，会逐步由商品属性向金融属性过渡，各类具有投资价值和流动性的金融衍生工具，如水权期货、水权期权、水权证券等逐渐被开发出来，吸引大量投资资金介入。当前水权交易市场存在的交易细则和监管机制不完善、交易主体信息不对称等问题，极易引发利用制度漏洞打擦边球、恶性投机炒作等现象，导致交易主体的正当利益受损、合理用水需求无法满足以及水资源去向和利用方式不明等，带来水权交易市场安全风险、农业和生态用水安全风险以及生态环境被破坏的风险。

缺水地区的水权作为一种稀缺资源权，在监管不到位的情况下，可能产生各种非法买卖、大规模破坏生态环境的行为。例如，煤矿开采涌出的疏干水作为一种非常规水资源，本应由水利部门统一管理调配，但是有些矿企不仅瞒报以偷逃水资源税，还转手卖给无取水许可证的用水单位，大量不经处理的疏干水最终流向自然界，造成严重生态环境破坏。又如，2022年中央生态环境保护督察组发现内蒙古某地私自开采、购买地下水现象严重，2021年实际开采量达上报开采量的2.5倍，导致该区域地下水水位相比2019年下降超过20米，是全自治区水位下降最严重的超采区，水生态十分脆弱。

此外，由于水权确权、水质评价、水价制定、水权交易方式选择等具有一定的灵活性，因而产生了较大的权力寻租空间，一些执法监管人员在利益诱惑面前不惜铤而走险、执法犯法。

（四）我国水权交易总体上仍然无法可依，政府角色不清晰

我国目前涉水法律法规是基于取水权设立的，水法、取水许可和水资源费征收管理条例仅对取水权做了原则性规定，未明确用水权的确权凭证、权能构成及其准用益物权的权利属性，未基于水资源的稀缺性和真实价值赋予

用水权“有偿取得”法律效力。现有水权政策与当前面向用水端总量约束、用途管控、效率控制的水资源精细化管理要求不相适应，用水权确权、有偿使用费计征等关键环节面临无法可依风险。

在我国水权制度框架中，政府角色至关重要。水权改革的理想情况是建立“政府调控，市场调节”的完备体系，即由政府履行用水权初始分配、交易监管和公共利益维护等职责，使市场自身充分发挥水资源优化配置的作用。但在当前的水权交易实践中，政府角色并不清晰。政府同时承担水资源国家所有权行使人和行政管理者两种角色，既是“运动员”又是“裁判员”，有时还充当“中介”角色。而从法律依据上，现行民法典、行政许可法、水法等均未对政府在水权交易中的权利和义务进行明确的界定和划分，也未授权地方政府实施水权收储等行为，留下了相当程度的法律风险和隐患。

四、对策建议

（一）赋予用水权适宜法律地位

根据用水权改革和水权交易快速演进的实际，完善用水权相关法律法规，突出用水权交易在水资源配置中的地位和作用，明确用水权的属性及占有、使用、收益等权能，改变涉水法律法规仅有取水权相关规定而无用水权相关规定的状况。借鉴土地管理法设立土地使用权有偿取得制度的有关经验，在水法中明确设立用水权有偿取得制度，明确用水权有偿取得的方式、内容和程序；明确用水权确权、出让、转让、收储、质押的方式和内容等，赋予县级及以上水行政主管部门收储用水权的权利。修订完善《取水许可和水资源费征收管理条例》，细化用水权有偿取得的情形及条件，界定用水权的权利边界和范围，明确用水权凭证的申请和受理、审查和决定、用水权有偿使用费的征收和使用管理等内容，细化用水权收储和交易情形、交易规则、补偿标准、补偿程序等。

（二）优先满足生态和农业用水需求

建立面向复杂系统的水资源安全评估与配置决策管理平台，按需科学分配工业、农业、城市建设、居民生活、生态治理等领域用水指标。坚守水资源刚性约束红线和生态保护红线，工农业生产以不越过上述两条红线为前提，必要时向上级部门申请协调用水指标，或申请减少粮食、能源和基础化工产品的产量考核指标。在生态脆弱和生态遭到严重破坏的地区，压减或转移高能耗和高排放等“两高”工业项目，减少耗水作物种植面积，同步建立工农业节水补偿机制，为生态用水提供更多空间。坚守粮食生产安全红线，发挥价格引领作用，保证小麦、玉米等粮食作物和向日葵等经济作物的合理种植比例，必要时予以政府补贴。新增发1万亿元国债资金适度向黄河流域缺水地区特别是“水-能源-粮食—生态”矛盾突出地区倾斜，助力当地水利和防灾减灾设施建设，为水权改革、经济发展和农民增收创造更多基础条件。

（三）加强农民权益保护

鼓励在乡、村、组等基层行政区域成立农民用水合作组织，如农民用水合作社、农民用水者协会等，为农民参与、管理、监督水权、水价、水量、水质等水事务提供组织保障和一定的专业支持。农业水权确权应在充分调查研究的基础上进行，基本农田应确权到取水口、管理到户。引导建立农业水权激励政策，提升农民节水意识，鼓励农户采取节水灌溉、抗旱保水、增施农家肥等措施减少用水量，将节余水量通过水权交易增加收入。建立并完善农业用水的补偿制度，农民因农业用水受到侵占或污染，应根据受损程度和当地经济发展水平来制定补偿标准，并由政府及相关职能部门明确补偿双方的权利、责任和义务。应特别注重对农民水质权益的保护，一旦农业水源受到污染，应按照相关土壤、水等环境标准和农产品质量标准，在必要的区域范围内进行污染危害和修复治理的时间序列评估。设立类似12345热线的水权专门服务热线，保证咨询、举报等渠道畅通。

（四）水权改革要同步建设监管体系

水权改革涉及民生保障、粮食生产安全、能源供应安全和生态环境保护，必须全方位加强监管。在水权制度改革初期，应同步开展监管体系建设工作，特别是水权交易市场监管体系，包括制定水市场准入规则、竞争规则、信息公开制度、水权主体权益保护制度、水资源用途管制制度、生态环境等公共利益维护制度、社会监督与公众参与制度等。水权监管制度应以现有水资源监管制度为基础，进行强化升级。

应共同发挥内外部监督作用。一是强化内部监督。条件成熟的地区适时成立水权交易监管办公室，对水资源监控计量和水权交易平台的建设和运营进行监管。重点督察纠正违规超额申领水权、人为垄断、哄抬价格、瞒报水资源用途、水权囤积、挤占生活和生态用水、超额取用水资源等行为。健全问题整改跟踪机制，强化监督检查，针对问题限期整改。在预防监管缺失和监管不力的同时，也要预防滥用监管权力，防止权力寻租。二是强化外部监督。吸纳多元主体参与，促进水权公平绿色交易。充分发挥研究机构、律师事务所等第三方参与者的专业性优势，严格把控水权交易过程中的专业性问题，定期向相关政府部门提出建议。重视社会监督力量，设立信息专栏，及时更新交易信息及情况，优化监督环境。

应建立水权交易风险防控机制，应对自然气候风险、突发事故风险、管理政策风险和法律违约风险。成立由水行政主管部门牵头的风险防控团队，成员包括监管专员、专业技术人员、利益相关方、法务人员、群众代表等。在正式水权交易前，应对水权确权、水权交易各环节中的申请、论证、协议等材料的合法性、可行性、可控性以及结果进行评估预测。预防水权交易过程中出现交易量不合规、用途随意变更、水资源性质不符合交易条件、囤积用水、套取用水指标牟取不当利益等行为。对交易效果及时进行事中事后评估。加强风险处置机制建设，包括制定应急预案、启动应急程序、缴纳交易保证金、执行违约赔偿等。

第九章
优化“以水定产”举措，推动能源化工基地与水资源协调发展——以宁夏宁东基地为例

一、宁夏宁东基地煤基能源产业发展现状及地位

宁东能源化工基地（以下简称宁东基地）是国务院批复的国家重点开发区，是国家重要的大型煤炭生产基地、“西电东送”火电基地、煤化工产业基地和循环经济示范区。目前宁东基地的工业增加值占全自治区的1/3，是宁夏回族自治区经济社会发展的重要引擎。宁东基地总面积为3484平方公里，涉及灵武市、盐池县、同心县、红寺堡区等4个市县（区），另设宁东基地后备区，总面积为1900平方公里。其核心区包括银川市宁东镇和临河综合工业园区，规划面积为800平方公里。宁东基地与陕西榆林、内蒙古鄂尔多斯构成了黄河流域能源化工“金三角”，呈现出典型的以煤炭为主的资源型驱动特征。

（一）煤基能源产业成为宁夏经济增长引擎

截至“十三五”末期，宁东基地地区生产总值达到480亿元，年均增长9.5%，实现了再造一个宁夏经济总量既定目标。工业总产值达到1300亿元，

工业增加值年均增长11.3%，占宁夏的34%，是西部第一个产值过千亿的化工园区。累计完成固定资产投资1356亿元，年均增长4.3%；地方财政收入42.8亿元，年均增长12.4%。全社会研发投入强度达到2.1%，科技进步贡献率达到60%。目前形成了煤炭、电力、煤化工三大主导产业集群，产业结构进一步优化，三者工业增加值比重结构分别由2015年的32∶28.7∶32.8调整为2020年的24.1∶23.7∶46.6。

（二）宁东煤田贡献宁夏九成以上的煤炭产量

宁东煤田是我国13个大型煤炭基地之一，在宁夏回族自治区境内分布的宁东、贺兰山、香山、宁南四大煤田中储量居首位。从煤炭资源储量看，宁东煤田煤炭资源储量大、品种全、质量优、开发条件好，现已探明储量达331亿吨，占宁夏煤炭总探明储量的85%。从煤炭开采生产看，其含煤区被分为横城、灵武、鸳鸯湖、石沟驿、四股泉、韦州、积家井、马家滩8个矿区，建有生产井共21座。2020年，宁东煤田的煤炭产量达到6612.9万吨，占当年宁夏总产量的90.1%。

（三）我国“西电东送”重要枢纽

宁东基地是我国14个大型煤电基地之一，9个千万千瓦级煤电基地之一。目前，宁东基地火电装机容量约为1695万千瓦，占宁夏2020年火电装机总容量3326.4万千瓦的一半以上。近几年，宁东基地的可再生能源占比也在不断增加，当前基地内可再生能源装机容量达到了612万千瓦。伴随可再生能源装机容量的提升，火电机组的年平均利用小时数持续下降。据调查，电企机组的平均负荷率不足50%。

作为“西电东送”的重要枢纽，宁东基地已建成或在建中共有三条外送通道，来支撑我国东部地区电力需求。第一条是±660千伏银东直流输电工程。该工程于2011年建成投运，是西电东送北通道开启的标志性工程，西起宁夏银川东换流站，东至山东青岛胶州换流站，年输电量达到290亿千瓦时。第二条是±800千伏灵绍直流输电工程。该工程于2016年建成正式投运，跨宁夏、陕西、山西、河南、安徽、浙江6省区，2021年输电量突破500亿千瓦时。第三条是宁夏至湖南±800千伏特高压直流工程，是国家“十四五”电力发展规划9条跨省跨区输电通道重点工程之一，途径宁夏、甘肃、陕西、重庆、湖北、湖南6省（区、市）。该工程于2023年开工建设，预计2025年建成，投产后年输电量将达360亿千瓦时。

（四）国家现代煤化工产业示范核心区

在我国四个现代煤化工产业示范区中，宁东基地规模最大、产值最高，是我国最大的煤制油和煤基烯烃生产加工基地。宁东基地已形成煤化工生产能力2500万吨以上，其中包含煤制油400万吨、煤制烯烃320万吨、煤制氨纶3万吨，在建煤制烯烃和副产品增值利用制烯烃100万吨，煤制乙二醇40万吨、氨纶30万吨。

紧密契合碳达峰碳中和目标和黄河流域生态保护和高质量发展要求，宁东基地煤化工产业不断升级优化，主要采取两条路径。一条是绿氢耦合煤化工。近两年宁东基地上马大批光伏、储能项目，以实现规模化的可再生能源制氢，从而替代煤化工原料用煤。2022年绿氢产能已达到2.21万吨，根据宁东能源化工基地管理委员会规划，2025年将形成绿氢产能8万吨以上，压减煤炭消费90万吨标准煤，减排二氧化碳200万吨以上。到2030年，力争绿氢产能达到30万吨，压减煤炭消费360万吨标准煤，减排利用二氧化碳900万吨。另一条是煤化工产业链条向精细化、高端化产品链条延伸。例如，宁东基地着力打造全球最大的氨纶生产基地——“中国氨纶谷”，氨纶生产上游为煤制烯烃，下游产品包括各种阻燃防火纤维等，已经形成了较为清晰、完整的上下游产业链条。

二、水资源供给侧特征：总量匮乏、水源单一

（一）气候干旱，人均水资源量极低

宁东基地位于毛乌素沙漠西南边缘，是荒漠、半荒漠地带。气候上属于中温带半干旱沙漠大陆性季风区，具有干旱少雨，年降水量小、蒸发量大及日照时间长等特征。2021年降雨量仅为300～500毫米，多年平均降雨量更低，仅190毫米，且集中在7月至9月。蒸发量是降雨量的4～6倍，多年平均蒸发量达1800毫米，干旱指数为9.5。

气候地理条件决定宁东基地属于严重缺水地区。地表水资源量仅为0.075亿立方米。多年平均年径流深度不足3毫米，径流总量少且年内分配极其不均，70%～80%的径流集中在汛期。汛期来水又多以洪水形式出现，难以拦蓄利用。地下水更少，以大气降水补给为主，水资源量仅为0.062亿立方米。从人均水资源量上看，宁夏境内的5个地级市全部属于极度缺水地区（标准为人均水资源量小于500立方米）。银川、固原两市最低，2021年人均水资源量分别仅有33.2立方米和76.0立方米。

（二）地表水全部依靠黄河供水，水源单一

宁东基地现有宁东供水工程（鸭子荡水库）、长城供水工程（水洞沟水库）、太阳山供水工程（刘家沟水库）三大黄河供水工程。年总供水能力约为3.9亿立方米。黄河供水占宁东基地总用水量的98%。几个工程供水量占比中，宁东供水工程最重要，占70%；其次为长城供水工程，占15%；太阳山供水工程仅占5%。

宁东供水一、二期工程设计总供水能力80万立方米/天，一期工程于2005年10月投入运行，二期工程于2015年建成投运。工程由水源工程及净配水工程组成，水源工程由两级泵站、管道、隧道和调蓄水库（鸭子荡水库）组成。金水源泵站总设计流量为15.77立方米/秒，供水对象包括煤化工园区A、B区，临河综合工业园区A区、化工新材料工业园区、灵州工业园区、火电基地、煤炭基地、银川经济开发区、盐池城乡及灵武部分林场。2016—2021年平均供水量为1.42亿立方米。长城供水一、二期工程设计总供水能力为40立方米/天，一期工程于2013年投运，二期工程于2020年建成。工程由水源、净水、配水管道三部分工程组成。供水对象包括内蒙古上海庙能源化工基地、宁夏红墩子能源化工基地、宁东基地煤化工园区C区和临河综合工业园区B区。2016—2021年平均供水量为0.37亿立方米。

宁东基地还有大泉地下水供水工程。大泉水源地（原名金银滩水源地）位于灵武市大泉乡上滩村，东距灵武矿区约25公里，共有水源井13眼。2020年之后该水源地转为备用水源地。当前宁东基地以黄河地表水为全部常规水源的供给现状，加剧了水资源供给不足的矛盾，也带来了水资源供应保障风险。

三、水资源需求侧特征：增量大、效率低、政策不完善

（一）用水增量大，宁东基地逼近用水红线

煤化工单位产品耗水量显著高于其他煤基能源产业。以煤制烯烃、煤制油为例，其资源消耗型蓝水足迹分别是煤炭开采、燃煤发电的3～5倍，污染稀释型灰水足迹也达到煤炭开采的1～3倍。根据规划规模和单位产品水耗估算，“十四五”期间长治、榆林、鄂尔多斯、包头、宁东等地的煤化工

项目新增用水需求占当地工业用水增量的比重达到13%～27%，居煤基能源产业之首。特别是对于已经逼近用水红线的宁东基地而言，煤化工增量用水必将导致“超红线”现象。

近几年，宁东基地用水总量持续增长，由2006年的1368万立方米增加至2020年的超过2亿立方米，当前用水量已十分逼近宁夏回族自治区2020年划定的水资源红线指标（2.254亿立方米）。根据颁布的《宁夏“十四五”用水权管控指标方案》，2025年宁东基地取用水总量红线控制指标为2.69亿立方米，其中，黄河水2.27亿立方米，非常规水0.42亿立方米；工业用水2.51亿立方米。而据相关文献研究，2025年宁东基地核心区需水量为2.86亿立方米，其中，生活需水量为0.03亿立方米，生态需水量为0.15亿立方米，工业生产需水量为2.68亿立方米。对比自治区提出的“十四五”用水管控指标，无论从总取用水量还是工业用水量来看，均有一定程度的超红线现象，宁东基地未来水资源供需矛盾将越发严重。

（二）行业、企业间用水结构不尽合理

2022年，宁东基地工业用水量达到1.77亿立方米，占基地总用水量比重高达90%。工业用水又以煤炭、煤电、煤化工三大产品用水为主，合计用水量达1.56亿立方米，用水占比分别达到60%、10%和10%。宁东基地在发布的“十四五”规划中明确提出煤制烯烃产能增加190万吨，煤制乙二醇产能增加40万吨，煤制油产能维持不变。从各煤化工产品单位产量用水量看，煤制烯烃水耗强度远高于其他产品，进一步加剧部门间用水不均衡。

此外，企业间也存在用水指标分配不合理的现象。例如，宁东基地的燃煤发电企业多配置高效率、低排放的先进机组，导致火电用水量较取水许可还有较大的富余空间。另外，部分企业建设迟缓、未建成或未达产，白白浪费了取用水指标；而有些企业如国家能源集团宁夏煤业有限责任公司（以下

简称宁煤公司）6万吨甲醛项目无水权指标，造成表观上存在缺水问题。

（三）矿井水重复利用率低，潜力未充分挖掘

宁东基地矿井涌水量比较大。宁煤公司2023年对宁东基地银南矿区13对煤矿矿井进行调查发现，13对矿井总涌水量可达到5000万立方米。然而，实地调研发现，宁东基地矿井水综合利用率还不到35%，同全国平均水平（78%）相差甚远。宁东基地非常规水源的利用水平低，无法有效支撑起基地发展用水空间的拓宽。究其原因，主要有以下两方面。

一是矿井水矿化度高，处理难度大、成本高。宁东煤田矿井水矿化度达2700～12750毫克/升，属于高矿化度水。低盐度、中盐度和高盐度矿井水占总涌水量的比重分别为31%、28%和41%，中高矿化度水比重接近70%。宁东煤田的东北部地下水矿化度更高，平均值达到5.84克/升，中高矿化度水的比重超过80%，在鸳鸯湖矿区南部形成高矿化度异常带。如此高盐度的矿井水在不处理甚至简单处理的情况下都难以重复利用。宁东基地有些企业仅按照《煤炭工业污染物排放标准》GB 20426-2006要求简单预处理，结果发现处理前后矿化度差异不大。例如，羊场湾煤矿矿井水处理前矿化度为4420毫克/升，处理后为4160毫克/升，仍属于高盐水，无法利用。

二是非常规水源净化处理设施不完善。对矿井水而言，突出问题是深度处理设施少，而通常来说矿井水必须要经过深度处理才能符合回收利用的标准。目前宁东基地仅有10座煤矿建有矿井水深度处理设施，处理能力为7万立方米/天。宁东煤田矿井水预处理规模为矿井涌水量的1.8倍，但深度处理设施规模不到矿井涌水量的80%，远远不能满足要求。对污废水而言，宁东基地现有中水水源点包括化工新材料园区、煤化工园区和临河综合工业园区污水处理厂，中水已逐步配置于宁夏中机国能热源供热有限公司、宁夏华业

精细化学科技有限公司、宁夏恒利集团科技有限公司、宁夏宝利新能源有限公司等大型工业企业，然而目前，各污水处理厂至工业企业间的中水回用管网尚未建设，对再生水利用形成制约。

（四）制度机制上，落实刚性约束不足、未形成协同作用

宁东基地的涉水事务管理属于多头管理，导致对基地企业实行用水计划管理和定额管理力度不够。黄河水供水工程由宁夏宁东水务有限责任公司、宁夏长城水务有限责任公司、宁夏太阳山水务有限责任公司管理，地下水供水由国家能源集团宁夏煤业有限责任公司灵武分公司管理，矿井水利用由企业自行管理，多头且分散，认识上和执行上都存在不统一、不规范的现象，亟待建立水资源统一管理机制。

调研中发现，多头管理的弊端主要表现：一是对矿井水外排的认识和管理存在误解。宁东基地矿井水利用分为自用和他用，自用主要包括井下灌浆、防尘、消防和井上矿区绿化、道路洒水等用水，自用水量占30%；他用主要包括湖泊生态补水、经矿井水处理后直供电厂、经宁东基地南湖中水厂处理后供给电厂等三个方向。其余未利用水部分外排入企业自建蓄水池、部分排入南湖。事实上，基地内的圆疙瘩湖、鸳鸯湖和南湖，均属于大量矿井水排入形成的人工湖，存在高有机物、高盐污染。外排入内的水不属于生态补水，不能算作重复利用，但部分企业仍存在只要排入水体就可以算作矿井水重复利用的认识。二是工业用水，包括取水、节水等，都或多或少存在管理盲区。例如，部分规模以上工业企业存在取用地下水没有计量设备的现象，监管难度大。企业内部用水效率没有考核，多数企业未按照《宁夏回族自治区节约用水条例》《宁夏回族自治区节水型社会建设管理办法》等法律法规要求开展水平衡测试，节水型企业覆盖度不到10%，企业内部浪费水的问题较为普遍。

在政策机制上，主要是利用再生水、矿井水支持力度和优惠力度不足，或执行不到位。例如，目前还缺乏精细化的针对矿井水、再生水利用的财政支持和水资源税收优惠减免政策。由于基地从处理过的矿井水到企业用水户之间的供水管道多为企业自身投资建设，如果政府在其中没有发挥有效的支持作用，那么企业就会出于成本考虑将不愿意用矿井水。又如，对于再生水的利用，工业园区污水处理成本远高于黄河水价格，同时相关优惠政策也没有落实。2004年国务院办公厅发布了《关于推进水价改革促进节约用水保护水资源的通知》，要求对再生水生产实行优惠电价，不执行峰谷电价政策。一般污水处理厂及再生水厂电费占运行成本的30%～50%，这项政策对企业成本的减轻至关重要。而宁东基地没有执行这项优惠电价政策，价格高导致企业不愿意使用再生水。

四、对策建议

（一）更加强化以水为导向的产业规划和布局

2023年7月宁夏回族自治区出台了《“四水四定”实施方案》，明确了取水和耗水总量、万元GDP用水量、万元工业增加值用水量、农业灌溉面积、城镇开发边界等22个主要指标；明确在制定国土空间总体规划以及重大产业政策时，应当与水资源条件相适应，并进行科学论证。宁东基地应严格按照《“四水四定”实施方案》的目标要求，严守用水总量控制红线，加强水资源对产业产品结构合理布局的引导作用。

在产业结构调整上，对于单位产品耗水量高的煤化工产品，如煤制烯烃、煤制乙二醇等，加强在水资源利用方面的论证，结合煤化工项目示范性、必要性的要求，合理提出产品发展规模。此外，对宁东基地发展起支撑作用的煤化工产品，应进一步延链强链，持续推动煤化工产品向高端化、精细化、清洁化方向发展。煤制烯烃加工制氨纶就是一个很好的例子，应进一步发展。充分发挥本地制氢、可再生能源电力对节水降碳的协同作用，发展光伏、氢能等是宁东基地为实现碳达峰碳中和目标提出的发展策略，但同时这些能源形式本身就具有对水资源节约、水环境改善的协同效益。本地制氢与利用和光伏发电都几乎零耗水，同时光伏发电对水土保持有积极作用。基于此，应积极加大氢能、可再生能源电力的发展规模，探索同煤化工主导产业链耦合的多元化应用场景。

在产业布局优化上，考虑水资源条件、水体纳污自净能力、非常规水源运输利用的便利性等主要条件进行煤化工项目来优化选址。例如，宁东基地用水大户集中分布在临河工业园区、煤化工园区及新材料基地园区，而南湖周围煤矿多，产生的矿井水及处理过的可利用的中水也比较多，但周围布置的企业和园区少。太阳山园区用水量不大，供水工程往北部煤化工园区供水距离远，投资偏大。

（二）稳步提高矿井水重复利用率

在当前地表水、地下水供水格局、规模数量变动不大的前提下，矿井水、生活生产污废水制成的再生水等非常规水源成为宁东基地破解水资源约束的重中之重。事实上，宁东基地制定了较为宏大的“十四五”矿井水重复利用率目标。以宁煤公司为例，2022年10月，宁煤公司向宁东能源化工基地管理委员会自然资源局报审了《提高矿井水利用率实施方案》，方案中明确提出了逐年提高矿井水复用率的目标，即2022年底达到42%，2023年底达到56%，2024年底达到65%，2025年达到90%以上。稳扎稳打实现目标需要做好以下工作。

一是将以矿井水为主的非常规水源纳入宁东基地水资源的统一配置。构建宁东基地水资源统一配置格局，根据宁东基地用黄河水、再生水、矿井水、地下水状况，结合当地煤炭产业布局规划，科学预测不同年份的用水需求，在充分论证黄河水、再生水、矿井水、地下水各类水源可供水量基础上，按照就近利用的原则分析非常规水源利用量的方式和潜力，明确非常规水源的利用配置和调度方案。

二是以服务基地煤化工产业和辐射周边地区为目的培育矿井水综合利用链条。考虑回用方式及水质要求及回用成本，从目前简单的应用煤矿生态绿化用水拓展到应用领域。一方面，加强同宁东基地煤化工产业的关联耦合，优化供用水系统，按照煤化工生产的用水要求进行分质、分区、分级应用。以就近利用为原则加强矿井水收集、处理、运输设施和管网建设。另一方面，强化对宁东基地外缘的生态资源、其他企业和居民区的矿井水再利用。例如，当矿井水涌水量大时，煤矿自身的生产生活难以消化掉矿井水时，可以结合矿区环境特点用于矿区周边的生态用水和农业用水，或深度处理后用于矿区周边企业。建议由宁东基地相关部门组织协调，深入挖掘宁东基地周边潜在的用水需求。

三是加强高矿化度矿井水处理及利用新技术路线的研究和工程示范。矿井水利用率的另一个重要原因是其矿化度高，满足要求的深度处理技术可选项少、成本高。因此亟须通过引进消化吸收或自主创新，积极探索实践低成本、运行稳定的处理工艺。根据调研，宁东基地在矿井水零排放（即实现百分之百重复利用）方面已经开展探索实践。应进一步充分利用宁东基地的产业优势和资源禀赋，进行创新应用，降低成本。比如，利用燃煤电厂余热的低温多效蒸发可取代反渗透进行高矿化度矿井水地面脱盐，具备成本低和产品水质好的优势；膜蒸馏结合新能源可在地面（太阳能）或井下（地热能）对高矿化度矿井水进行浓缩处理。这都能够大幅缩短处理流程，实现低成本的矿井水零排放。

（三）构建宁东基地水资源一体化管理体系

如前所述，宁东基地无论是供水还是用水都存在多头管理的现象，尤其是对非常规水源，基本上处于企业自主管理的状态，对于水资源节约集约利用、水生态环境改善而言，多头、分散的管理模式不利于统一认识、加强监管和降低成本。因此，瞄准水资源“供、用、耗、排”全流程统一管理的目标，需进一步健全完善宁东基地水资源管理体系。

一是专门设置涉水事务的管理机构。在管理机构的设置上，建议在宁东能源化工基地管理委员会下专门成立水行政管理机构，实行涉水事务的一体化管理，负责基地的水资源开发利用、节约保护等工作。组织编制宁东基地各个园区水量分配方案、年度用水计划下达及水量调度、干旱缺水年份、突发洪水及水污染情况下水量调度及风险预警。负责基地的节约用水工作，在园区内大力开展节水型企业、单位等行业节水型创建工作。落实最严格的水资源管理制度，综合优化使用取水许可、计划用水、水资源有偿使用，水资源统一调度等各种水资源管理手段。协调各供水企业、用水单位在水资源使用上的利益。

二是实现供用水工程一体化。针对宁东基地供水多源、管理部门多头、水价不同以及仍有部分地区供水属于空白的实际情况，科学规划黄河水供水工程，中水利用及矿井水处理工程布局。从水源工程、中水利用及矿井水处理两个方面谋划供水工程一体化，同时实现各类水源供水统一水价，实现同源同质同价。特别是要完善矿井水再利用、再生水的供水一体化设施。加强矿井水深度处理、矿井水净化后输水管道的建设；加快配套污水处理厂、污水集送再利用工程及南湖矿井排水处理工程建设，完善基地集污管网及中水回用管网建设；尽快规划建设再生水、矿井水工程联合供水，实现宁东基地非常规水源的经济、高效的一体化利用。

（四）充分发挥政策对协调基地发展与水资源的保障作用

推动基地发展与水资源协调的政策类型主要包括行政类和经济类两类，前者具体指法律法规、标准规范等，后者包括水资源财政性支出、水资源税、水价和水权交易等。

一是完善法律法规和标准体系。尽快出台配合《黄河保护法》的地方条例，将能源基地的水资源利用要求以法律条款形式加以固化，增加约束力。针对非常规水利用导向不明、存在大量政策空白的问题，自治区层面应尽快出台《宁夏非常规水使用管理办法》，理顺提高非常规水利用的各项政策，探索实施非常规水配额制度，即新增黄河水指标必须配置一定比例的非常规水用量。为拓宽矿井水深度净化后的用途空间，建议由宁东基地牵头制定矿井水利用标准体系，明确矿井水用于生态修复、农业灌溉、工业（煤化工）甚至是饮用水等各种用途的技术标准。

二是优化水资源财税、价格、市场等。其目的一方面是促进用水企业节水，另一方面是促进终端用户使用非常规水源。在水资源财政支出方面，应重点加大对宁东基地企业在高矿化度矿井水低成本、高质量、稳定性强的技术工程的攻关创新。在水资源税方面，用好矿井水税率工具，适当拉开排放与利用的税率差异，对处理再生水、矿井水的企业实行税收优惠减免。允许宁东基地内根据水资源条件实施有差别的水资源税政策，对引黄灌区井深小于70米的浅层地下水从高确定税额标准。在水价方面，主要实现水价电价联动，对宁东基地使用再生水和矿井水的企业执行优惠电价政策。在水权交易方面，除工业和农业间进行交易外，针对基地内水资源配置不均衡的情况，还可积极探索基地内企业之间的水权再交易。

第五篇

举措篇

第十章
推动黄河流域“水-能源-粮食”协调发展的思路

黄河流域是“水—能源—粮食”矛盾突出且集中的典型区域，面临着多重目标协调优化，多重安全红线、环境底线和资源上限约束，必须做好统筹和平衡：既要面对水资源开发利用上限约束，坚持以水定需，又要坚守国家粮食安全和能源安全红线，以需保供；既要保障生态安全，留足生态用水、改变黄河流域生态脆弱现状，又要保障生活、生产刚性用水和合理用水需求，为促进全流域高质量发展提供基础支撑；既要开展农业深度节水控水，又要确保在灌溉水减少的情况下生态系统功能不退化、土壤不返碱。黄河流域“水-能源-粮食”优化决策是要坚持系统观念，统筹兼顾、整体施策、多措并举，建立健全促进三者协调发展的政策举措体系。

一、总体思路目标

对黄河流域而言，水资源是核心要素，能源资源是动力支撑，粮食资源是基本保障。推动黄河流域“水-能源-粮食”协调发展，绝不是几个因素的简单叠加和权衡取舍，而是在多重目标、多重约束下的经济社会系统性工程，涉及纵向传导、横向联结、跨部门协调，必须树立系统思维，坚持通盘谋划、整体推进。要全面落实“节水优先、空间均衡、系统治理、两手发力”治水思路，把握好约束和发展、需要和可能、整体和局部、当前和长远、主要矛盾和次要矛盾等“五个关系”，不断提高战略思维、历史思维、辩证思维、系统思维、创新思维、法治思维、底线思维“七个思维”能力。聚焦“能源－水”“粮食－水”两个核心，以黄河流域水资源、水环境、水生态综合承载力为根本依据，优化能源开发布局，合理确定能源行业生产规模；坚持适水种植导向，提升粮食产量和品质，巩固流域对保障国家粮食安全的重要作用，持续推动“能源－水”“粮食－水”协调适配。

（一）总体思路

综上所述，本书提出优化黄河流域“水－能源－粮食”协调发展的“一个战略起点、两大核心目标、三大综合能力、四大重点工作、五项支撑保障”的总体思路。“一个战略起点”即立足黄河流域水资源禀赋不足、极度短缺的最大矛盾制约这一现状，将水资源节约集约利用和以水定城、以水定地、以水定人、以水定产“四水四定”再加上以水定绿的原则贯穿于经济社会发展的方方面面。“两大核心目标”即《规划纲定》中的生态保护和高质量发展两大目标，在处理“水－能源－粮食”协调优化发展中，既要实现高水平保护的目标，又要满足高质量发展的需求。“三大综合能力”即密切围绕水、能源、粮食三大支撑黄河流域经济社会发展的关键要素，在生态优先的前提下着力提升水资源支撑保障能力、能源综合生产能力、粮食综合生产能力。“四大重点工作”具体包括抓好水资源刚性约束和科学有效配置，“以水定产”推动能源产业适水发展，“藏粮于水”推动粮食生产水土协调，强化地表与地下统筹推进水生态系统治理。“五项支撑保障”具体包括从顶层设计、体制机制、政策体系、重大工程、科技与标准创新等方面构建起支撑协同治理和协调发展的保障体系。

（二）实施原则

一是坚持生态优先、绿色发展，以水生态环境的高水平保护引导推动能源、农业乃至经济社会其他领域的高质量发展。在水资源开发利用上限刚性约束下，通过优化资源配置、调整生产布局和规模、强化水资源节约集约利用，使有限的水资源可以支撑保障粮食、能源的合理开发利用和经济社会高质量发展需要，同时避免粮食生产、能源开发对水生态环境产生的不利影响，实现能源、粮食生产与水资源、水环境、水生态的均衡适配。

二是坚持统筹发展和安全，安全是发展的条件和保障，要以水安全、能源安全和粮食安全为重点，构建支撑流域高质量发展的协同安全保障体系。水安全、能源安全、粮食安全及“水－能源－粮食”纽带关系系统安全是总体国家安全观的重要内容。在习近平总书记提出的“节水优先、空间均衡、系统治理、两手发力”治水思路的引领下，全面实施国家节水行动，加快国家水网建设，建立健全水安全风险防控机制，提高防范化解水安全风险的能力。持续实施“以我为主、立足国内、确保产能、适度进口、科技支撑”的国家粮食安全战略，黄河流域特别要抓好水资源保障这一关键问题，夯实“藏粮于地、藏粮于技”的物质基础。强化流域能源安全，加强重要能源、矿产资源勘探开发和增储上产，着力发展新能源和清洁能源，统筹布局电力源网荷储，加快建设新型能源体系。

三是坚持节约优先、多元配置，以节约用水扩大发展空间，促使节水成为“能水粮地矿材”一体化节约的重要一环。贯彻节水优先方针，加强需水管理和水资源用途管制，以更高要求制定能源、农业、生态等用水效率标准。健全用水定额体系，做好用水定额动态评估和更新，切实发挥用水定额在规划编制、水资源论证、节水评价、节水改造等方面的约束调节作用。充分挖掘本地再生水、矿井水、苦咸水等非常规水的应用潜力，拓宽水资源供给来源。统筹地表水与地下水、天然水与再生水、当地水与外调水、常规水与非常规水，优化水资源配置格局。根据地区经济社会发展的可用水量和主体功能定位，合理配置生活用水、农业用水、工业用水和河道外生态环境用水等，构建起立体多元的水资源联合调配体系。

四是坚持“水－土－产”相适配，持续推动流域内国土空间布局优化。基于地区的城市化、农业、生态等不同主体功能定位，针对水资源和水生态空间、能源生产、粮食生产的规模布局，建立起优势互补、科学合理的生态保护和高质量发展格局。立足水资源作为最大的刚性约束，落实最严格的水资源管理制度，充分发挥其控制性要素作用，引导能源产业、粮食生产、城市建设等合理规划。坚持以水定产，合理规划能源产业开发布局和生产规模，严格流域（区域）市场准入和退出机制，严格控制高耗水行业新增产能，依法依规淘汰落后产能。坚持以水定地，粮食生产统筹考虑水资源条件和粮食安全，优化调整农业生产结构，推进适水种植、发展节水农业。

五是坚持因地制宜、分类分区分型施策。黄河流域上中下游的气候条件、地形地貌、自然资源、产业发展、经济水平、社会风俗等千差万别，资源禀赋、经济水平、地理区位等决定了其生态保护、能源发展和粮食生产的功能定位各不相同，有必要在地级市甚至更小的空间尺度上明确不同的区域、类别和类型，以此为基础制定精准有效的政策举措，分类分区分型推动黄河流域高水平保护和高质量发展。

（三）发展目标

优化黄河流域“水-能源-粮食”协调发展的总体目标是促使“水-能源-

粮食”纽带关系内部三要素之间以及纽带系统与外部要素环境之间的互动反馈更加协调。具体目标基于水资源、能源发展、粮食生产、水生态环境四方面重点任务展开。

一是提升水资源安全保障能力。到2035年，黄河流域年用水总量控制在450亿立方米以内（不含向流域外调水），万元GDP用水量较2020年下降45%以上；农田灌溉水有效利用系数达到0.62以上，力争达到0.66；煤炭开采、煤电、煤化工、油气开采等行业万元工业增加值用水量较2020年降低30%以上；非常规水利用量超过40亿立方米，城市再生水利用率达到65%以上。水安全保障能力、水资源节约集约利用能力、水资源优化配置能力得到显著提升。

二是推动能源产业“适水发展”。到2035年，黄河流域煤炭产量逐步减少至27亿吨，并进一步向“几”字弯地区集中，煤炭产量占全国的比重增长至85%以上，进一步夯实国家能源安全保障基础。原油产量稳定在6200万吨左右，占全国的比重保持在30%左右。贯彻产能战略储备定位，严格落实以水定产，煤制油、煤制气总产能控制在4000万吨油当量以内，且均布局在“几”字弯地区。风电、光伏等非化石能源开发规模大幅增长，全流域风电、光伏装机容量分别达到5.3亿千瓦、6.7亿千瓦，相比2025年总装机容量再翻番，占全国的比重达到60%以上，引领全国能源绿色低碳转型。

三是推进粮食生产“水土协调”。到2035年，在不考虑通过跨流域调水开发耕地后备资源的条件下，黄河流域农业灌溉面积不超过1亿亩。因国家战略需要新增灌溉面积的，严格进行水资源论证。在不突破耕地保护目标前提下，违规开发的新增灌溉农地实现有序退出。在国家粮食安全得到有效保障前提下，农业灌溉用水总量不超过270亿立方米，占用水总量的比重保持在60%左右。单位粮食产量的净耗水不高于0.36立方米/千克，现代高效节水农业覆盖率达到80%以上。

四是持续改善水生态环境质量。到2035年，黄河流域生态安全格局基本构建，生态系统质量和稳定性显著提升，人为水土流失得到全面控制；黄河干流兰州、河口镇、花园口和利津水文站4个关键断面生态基流分别不低于350、150、200和50立方米/秒，主要支流生态流量达标率达到100%；地下水实现采补平衡；全流域地表水达到或优于Ⅲ类水体比例达到90%以上，地表水劣Ⅴ类水体完全消除，黄河干流中上游（花园口水文站以上）水质稳定达到Ⅱ类及以上。

二、分类施策思路

推动“水－能源－粮食”协调本质上属于多要素管理。对于多要素管理而言，空间尺度越大，多要素之间矛盾冲突的不可协调性会越突出。从较大尺度出发制定政策，就有可能出现政策目标相悖的情况，影响系统整体的协同增效。例如，从流域这一较大的尺度看，黄河中游水资源约束极为强烈，化石能源供应保障地位又极其重要，能源发展与水资源的矛盾特别突出，目前看上去两种政策呈现出一定程度的“各管各摊，各达各目标”的状态。

同单一要素管理相比，多要素管理中所考虑的要素种类更多，意味着更有必要结合要素的特征和所构成的不同组合，对空间尺度进一步细化缩小，才有可能形成化解要素间矛盾的前提条件，进而保证针对各要素的政策目标都能够得到正确落实，推动要素间的协调协同。仍以黄河中游为例，如果把尺度缩小为地级市，有的城市可能水资源约束相对宽松，有的城市化石能源保障地位又不那么重要，在施策时可以结合城市资源条件和功能定位，来寻找推进两者协同的突破点。

因此，本研究试图将施策对象从流域整体、流域上中下游基本分区、沿黄九省区等传统尺度转向地级市这一更小尺度，以此为对象提出具体协调优化的任务路径，使得举措更具可操作性、目的更具可实现性。黄河流域范围内共有76个地级市，根据“水-能源-粮食”纽带关系中涉及的要素，兼顾考虑农业、生态、城市等国土空间规划中的功能定位，拟将沿黄城市分为能源型、农业型、生态型、城镇型四类。确定四类城市的主要方式：首先，以反映“水-能源-粮食”协调的主要指标为基础构建指标体系；其次，采用聚类分析法将76个城市划分为四类；最后，根据每个类别中各主要指标的统计特征，分析并最终确定四类中哪类属于能源型、农业型、生态型和城镇型。

（一）指标体系构建

从经济社会、水资源、能源发展和粮食生产4个层面构建城市分类指标体系（见表10-1），4个层面为指标体系的准则层。城市分类指标体系包括两部分，其中，经济社会为“水-能源-粮食”纽带系统的外部环境，既是影响因素又可能是结果；水资源、能源发展、粮食生产等其余3个层次则对应“水-能源-粮食”纽带关系内部核心的3种要素。指标层共有16个具体指标，其中，经济社会指标包括城镇化率、地区经济生产总值、人均GDP、第二产业增加值比重（二产占比）、第三产业增加值比重（三产占比）等5个指标；水资源指标包括水资源总量、单位GDP用水量、地下水供水量、人均用水量等4个指标，涵盖体现用水规模强度的代表性指标；能源发展指标包括发电总量、主要一次能源产量、工业用水量3个指标，既有能源发展本身的指标也有同能源密切相关的用水指标；粮食生产指标包括有效灌溉面积、农业机械动力、农业用水量、粮食人均占有量4个指标，体现出粮食生产、粮食用水和粮食耗能的情况。

表10–1　黄河流域城市分类指标体系

目标层	准则层	指标层	单　位
黄河流域“水－能源－粮食”分类指标体系	经济社会	城镇化率	%
		GDP	万元
		人均GDP	元
		二产占比	%
		三产占比	%
	水资源	水资源总量	亿立方米
		单位GDP用水量	立方米/元
		地下水供水量	亿立方米
		人均用水量	万立方米/人
	能源发展	发电总量	亿千瓦时
		主要一次能源产量	万吨标准煤
		工业用水量	亿立方米
	粮食生产	有效灌溉面积	千公顷
		农业机械动力	万千瓦
		农业用水量	亿立方米
		粮食人均占有量	吨/人

因沿黄76个地级市中的部分市州尚未发布2023年统计年鉴，为保持数据一致性，表10–1中所有指标涉及的数据均为2021年数据。其中，经济社会发展、能源和粮食数据主要来自EPS（economy prediction system）数据库以及2022年地级市或所在省区的统计年鉴，水资源相关数据来自各省2021年水资源公报。由于聚类分析主要体现研究对象之间相对大小、高低等情况，考虑到1～2年时间范围这种相对水平不会发生显著变化，故认为利用2021年数据计算的结果也具有分析价值。

（二）聚类分析及结果

聚类分析是统计学和数据挖掘中的常用分析手段，指将相似的对象通过静态分类的方法分成一定数量的不同组别或者子集合，使得同一个组别或子集合的对象都有相似的一些属性特征。本研究采用两步聚类法，由于所使用的指标种类较多，数据量较大，采用一步聚类易出现结果与常识偏离、难以解释等情况，故而进行改进。具体方法和步骤：第一步，对指标体系的4个准则层分别进行聚类，每个准则层下都聚成四类城市；第二步，基于4个准则层进行综合聚类，以每个准则层下城市划分的类别作为该步聚类的取值依据。例如，对某个城市，如果4个一级指标的分类结果为第一类、第三类、第一类和第二类，则分别赋予1、3、1、2数值进行第二步聚类。

上述每一步聚类均通过统计分析软件SPSS的K均值聚类方法实现。首先，对所有指标进行标准化处理，消除不同量纲影响，形成样本集合。其次，根据最后聚成的类别数量，随机选择对应数量的样本点作为初始聚类中心。计算每个样本到类中心的欧式平方距离见公式（1），并将每个样本指派到距离其最近的中心类中，构成初始的聚类结果。最后，计算各类中样本的均值作为新的类中心，重复上述步骤直至收敛。收敛条件为样本和其所属类的类中心之间的距离综合 *WSS* 最小，见公式（2）。

$$d(x_i, x_j) = \sum_{k=1}^{m}\left(x_{ki} - x_{kj}\right)^2 = \sum_{k=1}^{m}\left\|x_{ki} - x_{kj}\right\|^2 \quad (1)$$

$$WSS = \sum_{l=1}^{k}\sum_{c(i)=1}\left\|x_i - \bar{x}\right\|^2 \quad (2)$$

式中，d为样本与样本之间的欧式距离，WSS为类中心之间的欧式距离；i、j为样本，k指描述样本的变量（即维度），m表示维度个数；x_i表示第i个类的均值或中心，$c(i)$表示第1个类的样本集合。

城市分类的两步聚类结果见表10–2。第一类共有22个，包括铜川、宝鸡、大同、阳泉、鄂尔多斯、榆林等城市；第二类共有23个，包括海东、白银、吴忠、临汾等城市；第三类共有23个，包括西宁、海北、黄南、陇南、固原、乌海等城市；第四类共有8个，包括兰州、银川、呼和浩特、西安等城市。

表10–2　沿黄76个地级市综合聚类结果

类　别	数量/个	城　市
第一类	22	铜川、宝鸡、咸阳、延安、安康、大同、阳泉、长治、晋城、朔州、吕梁、晋中、鹤壁、三门峡、张掖、鄂尔多斯、榆林、石嘴山、焦作、临沂、济宁、东营
第二类	23	海东、白银、天水、武威、中卫、吴忠、渭南、沂州、临汾、运城、开封、平顶山、安阳、新乡、濮阳、淄博、泰安、德州、聊城、滨州、菏泽、巴彦淖尔、南阳
第三类	23	西宁、海北、黄南、海南、果洛、海西、玉树、甘孜、阿坝、平凉、庆阳、定西、陇南、临夏、甘南、固原、包头、乌海、乌兰察布、阿拉善盟、商洛、汉中、济源
第四类	8	兰州、银川、呼和浩特、西安、太原、郑州、济南、洛阳

（三）分类特征判定

分析比较四类城市指标体系中关键指标的平均值（见表10–3），以及相互之间的大小差异，据此将四类城市分别总结为能源型、农业型、生态型和城镇型。

第一类为能源型城市，这类城市的经济发展和能源生产能力在四类城市中较为突出。这类城市的城镇化率、GDP、人均GDP和二产占比在四类城市中排名均为第一，说明这类城市的经济发展水平、工业化程度较高。同时，这类城市的发电总量、主要一次能源产量和工业用水量在四类城市中排名分别为第一、第二和第一，能源产业在此类城市的经济发展中发挥着较为重要的作用，但这类城市的水资源禀赋在四类城市中较为匮乏，水资源用水、单位GDP用水量和人均用水量均排在末位，这类城市应在能源生产中进一步关注水资源短缺等问题，缓解“能源－水”矛盾。

第二类城市为农业型城市，这类城市经济社会发展、水资源管理、能源发展水平在四类城市中均较为落后，但粮食生产水平较高。从各指标均值可以看出，（除了三产占比排在第二位）其他经济社会指标均排在四类城市中的第三位；水资源相关的指标中，水资源总量和人均用水量均排在第二位，其他也均排在第三位。发电总量和主要一次能源产量分别排在四类城市中的第三位和第四位。这类城市应寻找“粮食－水”相协调的发展路径，积极发展第三产业，努力打造绿色农业、低碳农业和节水农业等新型农业化模式。

表10-3　四类城市主要指标的平均值

指　标	第一类	第二类	第三类	第四类
城镇化率/%	61.25	58.30	58.06	60.76
人均GDP/元	70288.7	65552.6	63823.6	67434.9
GDP（当年价格）/亿元	2459.26	2151.53	1775.02	2175.93
二产占比/%	44.0	41.46	41.24	42.87
三产占比/%	45.96	46.29	46.12	46.43
水资源总量/亿立方米	46.000	63.308	66.580	44.064
单位GDP用水量/（立方米/元）	0.00682	0.00735	0.00782	0.00756
地下水供水量/亿立方米	3.131	2.795	2.567	2.988
人均用水量/（万立方米/人）	0.0386	0.0407	0.0423	0.0406
发电总量/亿千瓦时	300.332	265.4	256.163	294.581

续表

指　标	第一类	第二类	第三类	第四类
主要一次能源产量/万吨标准煤	4679.52	3675.43	4106.12	4758.88
工业用水量/亿立方米	1.214	1.116	0.933	1.079
有效灌溉面积/千公顷	236.727	222.766	196.764	227.947
农业机械动力/万千瓦	375.153	358.599	297.126	341.086
农业用水量/亿立方米	5.792	5.731	5.154	5.736
粮食人均占有量/（吨/人）	0.520	0.512	0.479	0.528

第三类城市为生态型城市，这类城市经济发展水平在四类城市中排在末位。水资源禀赋在四类城市中突出，水资源总量和降水总量在四类城市中均在首位，用水总量和地下水供水量在四类城市中均排在较后位置。能源和粮食水平在四类城市中均在末位。这类城市在黄河流域应更多发挥涵养水源、生态保护的功能，大力发展节水节能、减污降碳型的绿色经济，实现“水－经济”的协调发展。

第四类城市为城镇型城市，虽然这类城市经济社会发展、粮食和能源发展在四类城市中均处于第二位，但是在产业结构中，第三产业占比最大。说明这类城市的支撑城市生活的产业更为发达。除此之外，这类城市的水资源最为缺乏、粮食人均占有量居于首位。说明这类城市的水资源同人口增长和人民生活水平发展需要的矛盾比较突出，综上所述，认为这类城市为集中承载人口的城镇型城市。

第十一章
推动黄河流域“水-能源-粮食”协调发展的任务路径

一、强化水资源刚性约束，用好节约水、调配水、非常规水三种资源

（一）落实落细“四水四定”，建立水资源刚性约束制度

以“四水四定”倒逼发展方式转变。坚持以水定城、以水定地、以水定人、以水定产，保障基本生态用水需求，严控经济社会发展用水总量和用水强度，倒逼经济、城市和产业发展布局、结构和规模，抑制不合理需求。合理确定灌溉规模，引导适水种植、量水生产，推进农牧业生产向水资源优势地区集中。水资源短缺和超载地区调整种植结构，压减高耗水作物种植规模。严格限制在水资源短缺和超载地区发展高耗水产业，严格限制高耗水企业新增用水量，严格设置高耗水企业准入标准和准入程序，坚决遏制高污染、高耗水项目盲目发展。

严守水资源开发利用上限。一是建立分区分级管控指标体系。结合区域功能定位和水资源承载能力，建立用水总量、生态流量、地下水水位等管控

指标。二是建立分区管控制度。科学划分水资源管控分区，按照禁止开发利用区、水资源储备区、限制开发利用区、适度开发区等类别分类明确管理要求。三是构建水资源承载能力预警体系。在较为完备的水资源监控网络基础上，尽快完成黄河流域水资源承载能力评价，定期评价、动态评估省（区）、市（县、盟）水资源承载能力，建立水资源承载能力预警机制，依据不同的水资源承载状况结果，采取差异化的管控措施。

加快建立水资源刚性约束制度。出台关于建立黄河流域水资源刚性约束制度的意见，进一步明确国土空间开发格局、相关用水行业发展和产业政策制定的水资源刚性约束导向，完善社会经济发展“以水而定、量水而行”相关制度和政策。持续强化水资源规划论证、项目论证和取水许可等监管手段，建立和完善用水总量和强度双控制度、水资源区域评估制度、水资源效率监管制度、监督考核制度等制度体系，实现以水资源总量控区域、规划水资源论证控产业、水资源区域评估控园区、用水效率控企业。

（二）推动水资源节约集约利用，以节约用水扩大发展空间

深入推进国家节水行动。以“农业节水领跑、工业节水增效、城市节水普及、全民节水文明”四大节水行动为引领，把节水作为水资源开发、利用、保护、配置、调度的前提和基础，发展节水型产业，培育节水型经济，建设节水型社会，推动形成节水型生产生活方式和消费模式。加快完善分区域、分行业节水标准和用水定额体系，发挥节水标准定额在节水基础管理、区域与行业节水评价、主要用水产品水效评价的基础性作用，建立健全覆盖主要农作物、工业产品和服务行业务实管用的节水定额标准体系。

以节约用水扩大发展空间。在农业节水方面，以沿黄76个地级市分类中的农业型城市为重点，加强现有大中型灌区骨干工程续建配套与节水改造、大中型灌排泵站更新改造，推进建设灌区水量监控网络；加强田间节水基础

设施建设，建设旱涝保收高标准农田，增强农业抗旱能力和综合生产能力。在能源节水方面，以沿黄76个地级市分类中的能源型城市为重点，根据水资源条件和用水实际情况，全面实施能源行业水效提升改造，制定黄河流域重点用水行业水效基准水平和标杆水平；推进企业或园区层面完善节水管理制度，以“串联用水、分质用水、一水多用、梯级利用”为导向推进用水系统集成优化；开展工业企业水平衡测试、用水绩效评价、用水审计和水效对标达标行动，不断提高用水效率。在生活节水方面，持续推进重点城市（县城）公共供水管网漏损治理，以沿黄76个地级市分类中的城镇型城市为重点，深入实施管网改造、分区计量、压力调控、智能化建设等工程，合理遏制高尔夫球场、洗车等高耗水服务业用水。在生态节水方面，严控景观用水，限制盲目扩大景观和娱乐场地的水域面积，适度建设亲水公园；缺水地区住宅小区、单位内部的景观用水禁止使用地下水、限制使用自来水。

推动节水减排、降碳减污协同增效。坚持“节水即减排”“节水即治污”理念，在取水、用水、水处理、污水资源化利用等全过程中强化节水，减少新鲜水取用量、污水产生量和处理量，降低城市水系统运行过程中的能耗物耗。全面开展城镇污水处理厂节能降碳改造，加快淘汰老旧低效的用能设备。以沿黄76个地级市分类中的城镇型城市为重点，探索“供—排—净—治”设施建设运维一体化改革，积极推广建设智慧水务管理系统，提升城市水系统管理系统化和智能化水平，建立一批资源能源高效循环利用的城镇污水处理绿色低碳标杆厂。鼓励具备条件的供水、污水处理、再生水制备的企业，因地制宜发展污水源供热、沼气热电联产、分布式光伏发电，探索推广区域热电冷联供。

（三）“有保有压”优化水资源配置，以调配水提升承载力

对用水需求实行有保有压。无论是生活、工业、农业还是生态，用水需

求都是可以分层次的。根据需求必要性、紧迫程度以及不同行业需水机理和特点，可将经济社会需水分为刚性、弹性和奢侈用水三个层次（见图11–1）。其中，刚性用水是指满足人类基本生活、确保粮食和能源安全底线、河湖基本健康所需要的基本水量；弹性用水是指提高生活品质、满足更高粮食消费和工业发展需求，以及塑造适宜生态环境所需的水量，在不影响服务功能情况下，这部分用水需求可通过节水技术进步和科学调控进行压减；奢侈用水是指维持生活中的高档消费、超出承载能力的高耗水产业和人工营造高耗水景观所需的水量。在黄河流域极度缺水和水资源刚性约束条件下，要保障刚性需求、压缩弹性需求、抑制奢侈需求，统筹发展和保护、需要与可能。

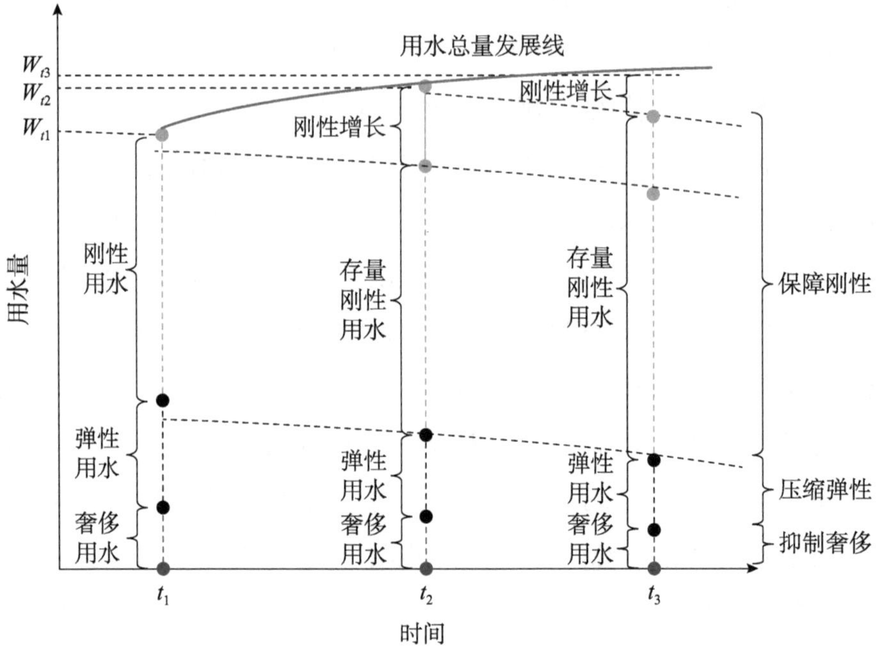

图11–1　用水需求有保有压调控模式示意图

资料来源：赵勇，何凡，何国华，等.关于国家水网规划建设的十点认识与思考［J］.水利发展研究，2023，23（8）：37–48.

确保维护国家粮食安全和能源安全的用水需求。当前，在黄河流域水资源供给“天花板”约束下，生态、生活、农业、能源、工业等均存在用水供需缺口，多方“争水”现象严重。要抓住主要矛盾、坚持系统观念，科学合理分配有限的水资源，其基本原则是生态优先、确保安全、公平为主、兼顾效率。首先，要保证河道基本生态用水要求，制定重点断面生态流量保障目标，建立河湖生态流量和地下水位管控体系，在留足河道内基本生态用水的前提下确定流域向河道外供水量的上限。其次，对提升国家粮食安全的粮食主产区、高标准农田、现代化大中型灌区以及保障国家能源安全的，列入国家规划布局的重要能源保供项目和产能战略储备项目，要在提高用水效率的前提下设定用水安全保障红线，确保水资源等要素供给。再次，探索采用用水基尼系数等公平性指标度量并科学合理配置其他部门的刚性用水需求，实现水资源相关的社会福利最大化。最后，基于效率和效益原则，对弹性用水需求和奢侈用水需求按照用水的边际效益大小进行配置，优先配置给综合效益高的区域和部门，实现用水效益的最大化。

实施黄河流域调水增源工程。结合国家水网规划建设，实施跨流域调水工程，提升黄河流域水资源供给“天花板”高度，强化水资源支撑保障能力。严格落实“确有需要、生态安全、可以持续”和“三先三后”[①]的原则，科学论证工程建设必要性、可行性和建设任务、时序、规模。深入研究南水北调西线、白龙江引水、引汉济渭、引江济淮、南水北调东中线后续等工程的供水范围及与黄河水资源优化配置的关系。加强各省区内部水资源调配、调蓄、应急水源地等工程建设，提升水资源调配、供给和应急保障能力。

① 即先节水后调水、先治污后通水、先环保后用水。

（四）加强非常规水综合利用，持续拓宽“开源”渠道

加强再生水资源化利用。重点在城镇型城市，推行非常规水源纳入水资源统一配置。坚持以需定供、分质用水、就近利用，以现有污水处理厂为基础，合理布局污水再生利用设施，在工业生产、市政杂用、国土绿化、生态补水等领域深入推进再生水利用。缺水地区新建城区应提前规划布局再生水管网，老城区结合城市更新改造及河道生态补水需要，因地制宜建设集中或分布式污水收集再生设施。西北地区应推广再生水“冬储夏用”，依托自然河湖水系科学规划建设中水库。

加快矿井水综合利用。重点在能源型城市，加快将矿井水纳入水资源的统一配置，探索推动矿井水纳入水权交易，在黄河水超量取用或地下水超采地区探索开展先矿井水后常规水的取水许可管理。完善矿井水“供—用—输—配”基础设施，在具备条件的地方建立地下储水库，平抑季节波动性。按蒸发塘排放、城市绿化、生态补水、农田灌溉、工业用水等不同排放回用途径制定矿井水利用国家标准，鼓励沿黄各省区结合水环境承载力制定地方标准。

促进雨水集蓄利用。重点在城镇型城市，加快完善雨水收集、处理和综合利用的设施和相关举措。持续推进海绵城市建设，在城市公园、居住社区、建筑、绿地、道路广场等新改扩建过程中合理推广雨水渗滞、调蓄、利用等设施，减少雨水地表径流外排，推进就地消纳、就地利用。因地制宜推进新型雨水集蓄利用工程，建设屋顶绿化、植草沟、下沉式绿地、地下调蓄池等设施。鼓励黄河上游雨养旱作农业区通过雨水净化、集雨补灌等发展集雨增效现代农业示范区。

鼓励苦咸水利用。重点在中上游农业型城市，支持水资源严重短缺且有苦咸水分布的地区，在盐分指标符合要求的前提下，采用直接利用、咸淡混

用和咸淡轮用等方式，将苦咸水用于农业灌溉、畜牧业、生态绿化等需求。支持苦咸水在有工业冷却水和盐溶水双重需求的工业部门应用。大力推动苦咸水淡化处理技术的研发应用，积极推广经济适用的技术类型，解决部分城乡供水和工业生产的需求。

二、坚持以水定产，推动能源产业“适水发展”

（一）中上游：注重优化煤基产业与水资源协调

煤炭、煤电、现代煤化工等构成的煤基产业链是能源产业耗水主要部门，占能源用水总量的70%以上。主要集中在黄河流域“几”字弯地区。以下举措以鄂尔多斯、榆林、延安、晋中等能源型城市为重点开展。

强化煤炭开采“矿－水”协同。以晋陕蒙宁四省煤炭产量支撑全国85%左右的煤炭供应为目标控制煤炭产能。严格按照水资源禀赋条件优化四省煤炭产能进一步向“适水而行”方向发展，推动以地下水赋存条件、地下水水位等为主要指标的煤炭开采选址和布局优化。加强煤炭开采对地下水的保护，推广普及保水开采、充填开采等生态友好型技术，通过煤层裂缝处理、采空区地下水储存和净化、地下水深井注入补给等手段防止地下水渗漏、流失和污染。提高煤炭开采非常规水利用水平，以矿井水、煤矸石淋洗水、煤炭洗选废水为重点，按照“就近利用、生态优先”的原则，制定综合利用规范和应用于生态、农业、工业等不同用途的标准。推动沿黄煤炭洗选厂强制执行煤炭采选业清洁生产洗水复用和闭路循环要求，洗选厂全部配备应急型煤泥沉淀池和蓄水池，做到洗煤废水水量零排放。

推动煤电高标准节水改造。以煤电作为调峰电源为定位严格控制产能，积极探索与可再生能源融合发展的新模式。鼓励中上游煤电基地以新版工业用水定额中的先进值为标准开展煤电产能结构优化和节水改造。对于新建项目，在取水许可审核与批复过程中参照更严格的用水定额管理；对于既有电厂，在取水许可延续或变更时，对非常规水利用和用水效率提出更高要求；对于老旧机组退役时，以新版工业用水定额为标准，优先淘汰用水效率不达标机组。在甘肃、陕西等煤电用水效率不高的地区，全面普及应用循环冷却、空冷等高效节水技术。

全面推进煤化工“因水制宜”发展。一是基于水资源承载力优化煤化工产业布局。通过“以新带老”、等量或倍量替代、“两高”项目淘汰等政策，促进煤化工产业向水资源承载力高的区域集聚。二是在煤化工发展规模和结构上严格落实“以水定产”。根据可用水量，除经济产出用水效率指标外，增加典型煤化工单位产品用水效率指标，更为精准地引导规模和结构设置。建议制定煤化工行业强制性用水定额，纳入国家强制性标准体系，发挥标准倒逼和引导作用。三是加强煤化工行业深度节水，鼓励沿黄各省区按照推荐性取用水定额中的先进要求开展节水，推动单位产品水耗全部达到标杆或先进水平，完善支撑引导使用配套煤矿非常规水的政策，降低黄河取水需求，加快高效节水设备升级和替换。四是推动煤化工产业链横纵向延伸，纵向上，针对流域现有的煤化工产业“低端重复过剩、中高端依赖进口的结构性不足”的问题，煤制烯烃、煤制乙二醇以生产高端化、精细化化学纤维等进行补链延链强链扩链，煤制油应发挥密度大、高热值、超低凝点、低硫、低氮、低芳烃等的优质特性，积极拓宽军工、航空航天、特种车辆等应用领域；横向上，做好与黄河流域清洁能源基地的协同，充分利用绿氢发挥“碳氢互补”优势，积极探索煤化工与绿氢、绿醇、绿氨以及光伏等新能源的耦合发展。

（二）中下游：加强油气开采水环境风险管控

鄂尔多斯盆地和渤海湾盆地是黄河流域油气开采重点区域。其中，鄂尔多斯盆地涉及中游山西、内蒙古等省区，近几年以煤层气为代表的非常规油气已投入规模建产并实现有效开发。渤海湾盆地则主要涉及下游山东，分布着众多我国油气增储上产的主力油田。油气开采净水耗不大，但具有对水生态环境产生干扰破坏的风险。以下举措以榆林、延安、东营等能源型城市为重点开展。

中游重点关注非常规油气开采环境风险。非常规油气开采普遍采用水力压裂作为增产技术。该技术同常规油气开采方式相比水资源消耗更大、水环境污染风险也更大。针对主要的消耗和产污环节，制定反映非常规油气开采特点的化学试剂要求、废水排放和回注标准。鼓励企业公开披露压裂液配方信息。大力推广超临界CO_2压裂技术等非水力压裂方式的增产技术，同步实现水环境污染风险的降低、采收率的提高以及CO_2的地质封存。

下游重点关注油气田采排水回注地下风险。胜利油田经过几十年开采，部分井的含水率甚至超过90%，油气田采排水回注地下产生的污染风险加大，亟须按照“事前—事中—事后”全过程加强风险管控。事前：细化采出水回注标准体系，按照一定标注划分灌注井，分类制定灌注井采排水回注的水质标准；科学选定回注井位置，保证严格避开环境敏感区和地下水保护区，与居民饮用水水源地距离大于800米以上；积极推行单独开展环境影响评价，油气田回注项目均须作为单个建筑项目单独进行环境影响评价，所有回注井都需取得所属产能项目的完整环境影响评价材料。事中：对注入流体流速，灌注液性质，注入井井底、套管、地层等的压力以及井的机械完整性开展全面动态监测；强化回注过程污染防控技术的全面有效应用，重点针对回注过程的污染途径和风险源，综合采用各种措施保证灌注井的完整性，防止污染物渗透迁移。事后：加强对回注地层附近地下水的监测，按照“一井一测”布点，适当加密位于重要粮食产区、重点生态功能区等生态环境敏感区的监测井；充分利用大数据、信息软件等技术，建立完善覆盖多维度信息的实时监测分析与预警预告平台。

（三）全流域：推动可再生能源与水资源可持续发展协同增效

受水资源严重限制，黄河流域可再生能源的发展也必须从水系统可持续发展的角度加以布局，以更好发挥可再生能源对水资源节约和水生态环境改善的协同作用。

大力发展风电、光伏、地热能等水资源友好型可再生能源。黄河流域上游作为清洁能源产业高地，凭借资源优势加快风电、光伏大基地建设。加大浅层、中深层地热、干热岩等勘探开发，积极探索地热能用于发电、供暖等多元化技术手段和多场景应用模式。黄河流域中游着力推动风电、光伏与化石能源融合发展，在原化石能源基地的基础上，建设以风电、光伏为主、低碳清洁火电和多种储能方式调峰相结合的综合能源基地，形成一批风光火储一体化开发消纳的发展模式。黄河流域下游着力推动风电、光伏的分散式开发，在风能资源适宜、靠近负荷中心区域，完善市场交易机制，推动分散式风电开发；利用大型工业园区、经济开发区、公共设施、居民住宅、高速公路等屋顶及闲置土地，推动分布式光伏发电应用。黄河下游诸多煤矿、油田处于枯竭期，有许多关闭废弃的矿井油田，应积极推动这些土地建设分散式、分布式光伏、地热能发电等项目。

以水资源为导向优化水电、光热发电、生物质、氢能等清洁能源发展。在水电上，合理控制库区水面面积，依据地形增大水位落差，减少水资源消耗；积极探索节水型的水电开发模式，由于水电站的规模、运行方式等对水资源效率的影响尚未形成一个统一的结论，因此在实践中应强化水电站多元混合开发模式；在建设梯级水电站群时，除总库容规模外，考虑水电站运行过程中的蒸发耗水、发电用水、河道外供水等因素，将节水作为梯级水电站调度的主要目标之一。在光热发电上，强化其布局与水资源条件、水生态环境相适应，强制推动空冷等节水技术应用。在生物质上，优先保证以农林、禽畜废弃物为原料的生物质能源化、肥料化和饲料化利用，避免生物质发展“与能争水、与粮争地、与人争粮”，在黄河下游河南、山东等农林、畜禽废弃物资源较丰富的省区，着力完善生物质资源收储运和转化利用设施，多元化探索生物质支撑循环农业、发电、采暖供热的发展路径。在氢能上，加快灰氢向绿氢的转型步伐，在推进氢能项目时尽量“自产自用”，降低绿氢产业的水资源压力。以绿氢为核心，加快完善绿色甲醇、绿氨、绿色甲烷等产业生态建设，重点在黄河流域位于西北地区，且煤电、可再生能源均丰富的省区布局以燃煤混掺为主要目标的绿氨生产；重点在宁夏、内蒙古等能源化工基地，逐步由当前的“灰碳+部分/完全绿氢”等低碳绿醇工艺逐步转向完全的绿醇工艺；重点在山西、河南、山东等省区，加强绿色甲醇的交通应用。

充分发挥光伏对水环境生态的改善效益。青海、内蒙古等地的实践证明，光伏发电对于沙漠化、荒漠化地区的生态有显著改善作用。结合黄河流域“沙戈荒”的光伏大基地建设，有效利用戈壁荒漠、草地黑土滩、荒山荒坡，大力发展“光伏+生态”“光伏+农牧业”，因地制宜探索“板上发电、板下修复、板间种植”的发展模式。强化水生态治理修复对光伏电站选址的牵引作用，在太阳能资源丰度上兼顾场区流沙移动方向、水和土壤生态治理需求、农牧业发展需求，协同最大化发挥光伏发电的生态、降碳和经济效益。

（四）全流域：注重CCUS技术应用对水资源和生态环境影响考量

CCUS技术会显著增加燃煤发电系统水耗，因此对于那些水资源承载力较低的缺水地区，需重点考虑燃煤发电、化工等耦合CCUS时的水资源消耗和引致的水资源压力。从技术选择上，应优先选择膜分离、变压吸附法（PSA）等水耗较低的技术，在成本允许的情况下采用新型高效吸附剂。从项目规划看，需要充分考虑和评估项目全生命周期范畴下的水相关影响和潜在风险，水耗应被视为项目准入指标，并在运营期间进行监测和评估。

在兼顾CCUS技术对碳达峰碳中和的减排、经济效益的同时，应高度重视长期的、潜在的生态环境影响。加强CCUS地质及环境风险监测，实现二氧化碳捕获、运输、利用、封存全过程监测覆盖，确保对封存后CO_2运移变化实现长期动态监测。强化环境风险研究，以地下水和近地面空气层为主要对象，重点针对泄漏事件，完善定量评价模型构建和结果解释，增强评价结果对风险防控的指导能力。严把环境影响评价关，衔接CCUS长远发展规划，强化规划环评和项目环评并行。完善CCUS项目在审查、批准等同生态环境影响相关的规定，对个别未通过环境影响评价擅自运行的碳封存技术项目，生态环境部门应勒令其停止碳封存操作。完善风险应急手段，针对易发生风险的环节、区域，建立突发事件的应急预案，根据科学研究结论，动态更新预案。

三、藏粮于水，推进粮食生产“水土协调”

在全流域统筹考虑水资源和粮食生产的土地、气候、光照等条件，梳理不同区域农业用水的供需匹配，优化调整农业生产结构，推进适水种植。适当调减缺水地带粮食产量考核指标，不在缺水区域超指标用水。

（一）上游：上段维持生态功能，中下段提升种植质量

上段以维护生态功能为核心。以海东等城市为重点，充分认识黄河源头地区作为黄河流域“水塔”的重要地位，及其对整个流域水资源、粮食产量、生态环境所具有的决定性作用。加强研究草地植被与寒区冷生土壤水文之间的相互作用，恢复草地面积达到黄河水源涵养所需的阈值。加深对绿洲

农业种植规律认识，根据耕作经验和水资源可及性安排农田灌溉计划，改善水分利用效率低、深层渗漏比例大、次生盐碱化加剧、农田排水影响大等现象。干旱地区压减高耗水作物种植，扩大低耗水高耐旱作物种植，严重干旱及土壤沙化、盐渍化严重地区开展休耕试点，增加休耕地块有机肥施用量，及时进行绿肥作物种植及翻压还田。

中下段以提升作物种植质量为重点。甘肃段以白银、天水、武威等农业型城市为重点，大力构建现代寒旱特色农业产业体系，发展“牛羊菜果薯药”六大特色产业。宁夏段以中卫、吴忠等城市为重点大力调减过剩、低效作物种植，增加短缺、高效作物种植。在河套、土默川平原灌区以巴彦淖尔等城市为重点，注重提高玉米和小麦单产，示范推广优质、高产品种；适当发展鲜食甜糯和爆裂玉米产业，加快发展高淀粉玉米产业；推广和发展玉米与向日葵、小麦、豆科植物、薯类作物、西甜瓜等轮作模式；扩大全株青贮玉米种植；提高小麦品质，发展优质中强筋小麦和绿色、富硒、有机小麦。

（二）中游：平衡农林业发展，大力发展高效旱作农业

遵循自然规律开展植树造林和植被养护。以渭南等农业型城市为重点，立足中游地区特别是黄土高原地区干旱少雨和水资源紧缺的实际，客观评估大面积退耕还林（草）作业带来的土壤干燥化、深层土壤储水下降、地下水补给减弱等问题。以地区水资源和植被承载力为依据开展人工植树造林，保持面积在合理范围内。科学规划不同植被的配置，坚持以自然修复为主、人工种植为辅的原则进行林草维护，逐步增加土壤水对地下水的补充。在汾渭平原地下水超采灌区实施保护性耕作，推广轮作技术模式，严控取用地下水灌溉，压减地下水开采规模。

以提高水肥利用效率为核心，大力发展高效旱作农业。一是控制源头

到田间的水分损失。结合旱作作物生长发育过程的需水规律及区域降水、供水能力等特征，因地制宜采取雨水集蓄、纳雨蓄墒和工程节水等措施，有效利用天然降水以达到最佳增产效果。二是减少水分在田间的损失。在坡地上通过梯田或沿等高线耕作，充分利用降水资源并减少水土流失；对无灌溉条件的平地，通过构筑垄沟使自然降水向沟内富集，提高农田降水资源化程度和作物水分满足率。探索水资源匮乏条件下的高标准农田建设路径，在待建的永久基本农田中，旱作农田要严格按照旱作高标准农田进行建设。

（三）下游：探索农业多水源高效联动，打造盐碱地改造示范区

探索开发多水源联动的农业水资源高效利用途径。以安阳、新乡、菏泽等农业型城市为重点，以增加农业可利用水资源量为目标，按照“高效利用黄河水、控制开采地下水、科学利用雨洪水、鼓励采用非常规水”的思路，增加粮食生产可利用水资源量。发展适合当地的节水灌溉技术并优化相应种植结构，在落实好粮食安全要求的前提下，降低高耗水作物种植面积。在地下水超采地区，禁止新增开采难以更新的地下水用于农业灌溉，已经开采的要加快发展高效节水农业，减少地下水超采，逐步实现全面禁采。

推进盐碱地综合改造利用。在黄河下游三角洲地区打造盐碱地改造和“粮食-水-生态”优化发展的典型示范区。加强地下水位对土壤盐碱化的影响研究，确定同时满足粮食生产需求和维护自然生态平衡需求的地下水位阈值区间。按照土壤改良与作物耐盐并行的思路，加强耐盐碱植物选育，构建并推广适用于不同地理区域、不同土壤类型、不同种植模式的盐碱地治理技术模式。综合考虑水资源时空分配格局和生态环境本底等影响因素，在盐碱地等耕地后备资源集中区域，加强集中投入、规模化实施垦造耕地工程的研究论证，在具备条件的情况下开展相关工程，以有效补充耕地面积。

（四）全流域：系统性提升农业深度控水节水的科学性和有效性

大力发展高水效特色农业。在作物单株水平上培育抗旱节水型新品种，构建高水效理想株型；在农田尺度上改进田间灌溉技术，提高灌水施肥的均匀性，减少田间耗水量和灌水量。在黄河流域重点缺水区（如地下水严重超采区、中上游提灌区、宁蒙引黄灌区等）率先推进以县域为单元的高水效农业综合试验区建设。发挥杂粮等特色农业在节水、抗旱、适应性强等方面具有的天然优势，从改善居民膳食结构、保障粮食安全、促进农业可持续发展的战略角度，在发展地域特色农业的同时积极推进杂粮对高耗水型大宗粮食作物的适度替代。鼓励支持沿黄各省区打造特色农业产品高端品牌，提升农业生态价值转化能力。完善对地方特色农业发展的科技和产销服务支撑，为农民增收创造条件，增强农民节水动力。

加快实施灌排工程现代化改造和黄河流域农业水网建设。推广应用管道代替渠道技术，减少输水损失和土地占用。充分考虑骨干渠道输配水效率和渠道生态功能，因地制宜开展渠道、边坡衬砌和防渗工程，推进骨干输配水工程与田间灌溉工程的顺畅衔接。以满足现代化灌区对防洪、除涝、排渍、防治盐碱化、生态建设等系列需要为目标，实施排水沟道疏浚整治与改造工程，确保排水沟道在正常运行的情况下不发生冲刷、淤积和边坡坍塌等情况。结合高标准农田建设，规整灌区条田格局，推进平田整地，强化田间渠系灌排设施配套，为实施规模化高效节水灌溉工程打下良好基础。积极推广微灌、管灌、喷灌等高效节水灌溉技术。以国家水网战略布局为根本，研究制定国家水网体系下的黄河流域农业水网建设格局，为沿黄各省区的高标准农田建设、灌区现代化改造、耕地后备资源开发、山水林田湖草沙系统治理的有序推进奠定坚实基础，避免重复投入和低效建设。

做好农业用水红线管理和风险预警。前文分析表明，未来黄河流域农业用水需求仍保持在高位，水资源短缺的问题仍然突出。而黄河干支流径流量的变化，黄河流域粮食生产定位及伴随的农业生产布局和种植结构的调整、耕地后备资源开发等都会给农业用水带来各种不确定性。因此，有必要针对黄河流域构建一个粮食生产用水安全红线评价体系，探索采用农业总净耗水量、农业用水量、单位粮食产量耗水量、农田灌溉水有效利用系数等反映农业生产水资源利用的关键指标等进行构建，通过采用经验分析、模型模拟和动态监测等手段，科学研判全流域和重点地区农业用水红线指标值，做好预期管理。为做好红线管理和风险预警，特别要加强计量监测能力建设，包括补齐各级渠系监测短板，推进主要分水设施测控一体化改造、优化监测站网布设。此外，强化取水计量监管，按照灌溉用水定额、批复的灌溉面积、现状农田灌溉水有效利用系数等严格核定取水量，探索开展引黄灌区耗水系数研究，科学确定流域不同区域中大型灌区耗水系数，提出精准测算耗水量的必要计量监测设施布局方案和管理方式。

推动粮食生产与所依附的自然生态环境良性互动。精准施用化肥、农药，从源头减少农业面源污染。深入研究黄河流域各主要作物的土壤立地条件、生长需求和病虫害情况，全面推广测土配方施肥，统筹推进化肥、农药和先进施用技术有机结合。优先采用人工湿地、生态沟渠、排水回用等自然生态型、环境友好型的污染防治技术，做好污染汇流阻断，有效治理化肥、农药不合理施用造成的面源污染。针对黄河流域各省区农业面源污染主要治理对象（见表11-1），积极探索符合各自突出特点的污染治理和废弃物综合利用途径，建设农林废弃物收集、处理和加工示范工厂，形成良性生态循环的农业生产模式。盐碱地改造上加强“水－土－盐”机理研究，积极推动水利型、物理型、化学型、生物型土壤改良工程与技术的研发应用，在宁蒙引黄灌区、黄河三角洲等重点区域强化节水灌溉与盐碱地改造协调平衡，研究制定既有利于水资源节约集约又有利于土壤地力维持的灌溉方法和灌溉定额，压减灌溉水量时要注意评估其对地下水补给和生态环境的影响。

表 11–1　黄河流域各省区（除四川外）农业面源污染主要治理对象

省　区	主要治理的污染源
青海	油菜秸秆，牛、羊养殖
甘肃	牛、羊养殖
宁夏	玉米秸秆
内蒙古	葵花、糖料秸秆，牛、羊养殖
陕西	瓜果、蔬菜化肥使用，猪养殖
山西	化肥使用，猪养殖
河南	瓜果、蔬菜化肥使用，小麦、玉米、花生秸秆，猪养殖
山东	瓜果、蔬菜化肥使用，小麦、玉米秸秆，牛、猪养殖

四、深入推进水生态环境系统治理与修复，打造水生态健康本底

（一）强化水生态保护修复的系统性，落实“以水定绿”

进一步强化系统思维，统筹考虑气候条件、生态系统本底、主导生态功能等，以水生态承载力为核心要素，协同推进与之具有较强关联耦合的山、林、田、草、沙等生态要素功能和质量的全面提升。以提升水生态空间承载力为目标，以高品质水生态产品供给为导向开展修复治理，完善覆盖全生命周期、全部生态要素的实施路径与制度体系。

强化基于自然的生态修复治理措施。尊重自然规律、依托自然力量，坚持自然恢复为主，人工修复为辅，优先采用封育造林、生物修复、节水灌溉、绿色基础设施等生态友好型措施。落实“以水定绿”，在国土空间绿化、绿色矿山建设、水土保持植被工程、生态廊道建设等生态建设工程中避免与

当地水土承载力不相适应的过度人工修复，采取相适宜的工程举措。全面开展水利工程生态化改造提升，在充分论证成效的基础上推进具备条件的存量水利工程生态设施改造，新建水利工程尽可能采用生态友好型技术，健全与之匹配的选址、规划与技术体系。

科学合理保障黄河流域河湖水系生态流量。根据流域水沙变化、水库调度能力、河湖水系生态环境特征、重要珍稀动植物分布情况和“岸”上经济社会发展需求等，按照“遵循河湖自然规律、保护河湖生态对象、兼顾河湖开发现状、利于水量调度监管”原则，统筹上下游、干支流水资源合理配置与河道用水与湿地水面需水，“一河一策”“一湖一策”确定生态流量保障目标。考虑各种常规和非常规补水水源、河湖水系常态化补水与应急需水等情况，优化生态补水方案。梯级水利工程开展联合调度时要把下泄水量作为最主要的核心指标之一。

按宜居适度原则控制城市绿化用水。黄河流域城镇绿化要根据当地自然条件和水资源禀赋科学选择耐旱型植物。合理配置绿化用水，优先使用符合标准的再生水、雨水、矿井水。合理确定城镇空间适宜水域面积，避免片面追求景观效果而盲目修建、开挖大量的人工湖，增加不合理的用水需求。优化绿地用水定额，在符合定额的前提下全面采用节水灌溉技术，充分利用场地条件实现节水。

（二）推进支流等“毛细血管”河流的污染治理与污染风险防控

以汾河、都思兔河、黄甫川、柴汶河、金堤河、金水沟、马莲河、涝河、苦水河、祖厉河、小韦河、涑水河等黄河一级支流和渭河支流等重度（中度）污染河流为重点，加快污染水体消劣达标。

推进黄河流域入河排污口全面整治。加快推进干支流入河排污口排查、监测、溯源、整治。全面开展摸底，建立覆盖黄河干流及主要支流的入河排污口分布、排污数量、排污来源的台账，实现全流域入河排污口“一本账”“一张图”。根据“依法取缔一批、清理合并一批、规范整治一批”原则开展整治，在摸透各入河排污口具体问题的基础上，按照《入河入海排污口监督管理技术指南整治总则》HJ 1308—2023有关要求，实施分类整治，实现有效截污治污。大力推进排污口水质水量在线监测设施建设，构建具有入库、管理、查询、统计、分析、共享等集成功能的黄河流域入河排污口大数据系统，提升监管效率和水平。

着力解决化工园区密布和尾矿库形式的工业固废堆积的环境污染突出风险。加快推进沿黄地区高污染、高风险工业企业全面迁入合规园区。加快传统产业升级改造，在园区和企业层面大力推行循环发展和清洁生产，完善废弃物收集链和资源综合利用产业链，从源头减少污染排放，积极建设具有示范效应的资源综合利用基地。强化标准引领和技术支撑，构建完善综合利用产品质量标准体系，加快新型高效实用技术的研发推广应用。深入推动黄河流域绿色矿山建设，切实加强尾矿库风险预警和防控，加快推动距黄河干流3公里、黄河支流1公里以及近农用灌溉水体和饮用水源地的尾矿库退出。加强湿排尾矿治理，引导企业采用高效脱水和净化设备，提高尾矿回水和积水在选矿厂生产用水的重复利用率，新增尾矿库全部使用干排，存量尾矿库加快向干排转型。优化尾矿分选技术，全面实现尾矿无害化处理。完善尾矿库防渗措施。

（三）深入开展黄河流域地下水生态环境治理

推进地下水“分区管理、分级防治”。按照《地下水环境状况调查评价工作指南》（环办土壤函〔2019〕770号）等相关技术规范要求，以地下水型饮用水水源和重点污染源“双源”为重点，全面彻底开展地下水环境状况调查，摸清底数、建立清单。针对重点污染源，调研确定产排污具体情况和污染隐患风险，建立地下水污染防治重点排污单位名录。实施地下水污染防治分区管理，根据地下水环境状况调查结果，研究划定地下水保护区、一级管控区和二级管控区，明确各区内环境准入、隐患排查和风险管控等具体要求举措。推行地下水污染分级防治，基于土壤与地下水污染的分布特征，针对轻度、中度和重度等不同级别的污染状况，采用相匹配且适用有效的污染治理技术。

“一减”“一增”实施地下水超采治理，逐步实现采补平衡。以鄂尔多斯台地、汾渭谷地、沁河下游地区、黄河下游引黄灌区等地下水超采区域为重点，综合采用“一减”“一增”措施实现采补平衡，“一减”即通过农业结构调整、灌溉面积退减、产业布局优化等措施，降低地下水开发强度，减少地下水超采量；“一增”即通过节水、调水、非常规水开源等渠道增加水源补给，实施地下水置换回补，推进相关水网工程、城镇应急供水工程等的建设，保障地下水顺畅置换。此外，应加大地下水回灌管理，多层含水层开采、回灌地下水要防止串层污染。化工园区、垃圾填埋场严格制定防止渗漏措施，降低渗液对地下水的污染。

健全完善地下水监管体系。优化地下水监测网络，结合污染源识别、特征污染因子等进行优化调整，在“双源”等高风险地区适当加密监测点布设，形成全面覆盖、布局合理的地下水监测网络体系。基于地下水污染防控“分区管理、分级防治”，加强分区分级的结果展示，并细化在线监测、隐患排查、风险管控、退出变更等的具体方案。搭建地下水“采－测－预警”一体化监管平台，强化监测数据的测算、分析与预警，推进地下水位和水质双监控，常态化开展评价和动态评估。统筹不同尺度的地下水质量标准与地下水风险管控标准，健全“水量水质－地表地下－区域场地”协同的管控机制，强化山西、陕西、河南等重点超采区域监管联防联控。

第十二章
健全优化黄河流域“水-能源-粮食”协调发展的政策保障

一、强化顶层设计

基于“水-能源-粮食”自身的系统性、复杂性、协同性，一方面，应该在法律法规、规章制度上明确三者协调发展的原则与内容，细化体现关联性的条款，为推进“水-能源-粮食”协调发展提供坚实依据。另一方面，应该在同水、能源、粮食以及黄河流域区域相关的战略、规划、方案等顶层政策文件中，强化三者协调的目标导向，加强与上位法衔接。

（一）健全治水和体现“水-能源-粮食”关联要求的法律体系

健全治水法律体系。我国涉水管理的最高位阶法律《中华人民共和国水法》（以下简称《水法》）于1988年1月21日公布，2016年第二次修正。新修正的《水法》距今也有近十年，在治水方面有许多新形成的共识和举措尚未体现，亟须在高位阶的法律中加以确认，为相关工作开展提供法律依据。例如，近几年提出并推进的建立水资源刚性约束制度、全面推进河湖长制、推进用水权市场化交易、深化生态保护补偿等治水重大体制机制改革均有必要在《水法》中加以体现，与此同时也应当推动在较早出台的水资源管理和水环境保护相关条例、办法中，将相关要求进行细化。对于新出台的同位阶法律《黄河保护法》中提到的水资源管理的新原则和新要求，要在《水法》中实现联动，并需要在低位阶的法规规章中细化。例如，《水法》中非常规水要涵盖《黄河保护法》中提到的再生水、雨水、苦咸水、矿井水等所有类型，并将相关的水资源统一管理、建设项目水资源论证、取水许可办理、计划用水管理等原则在《取水许可和水资源费征收管理条例》等相关法规、规章和办法中进行确认和具体阐释。

完善体现“能源－水”“粮食－水”关联性的条款。《黄河保护法》明确提出实行水资源刚性约束制度，坚持“四水四定”，构建与水资源承载能力相适应的现代产业体系；对农业、工业中涉及水资源开发利用的，应当进行规划水资源论证。在工业方面专门提到实行强制性用水定额管理，组织制定黄河流域高耗水工业和服务业强制性用水定额，在农业方面提到发展高效节水农业，降低农业耗水量，禁止取用深层地下水用于农业灌溉等具体要求。基于此，应当将上述要求体现在农业和能源有关的国家法律体系中，在《中华人民共和国能源法》《中华人民共和国煤炭法》《中华人民共和国电力法》《中华人民共和国可再生能源法》《中华人民共和国农业法》《中华人民共和国粮食安全保障法》《中华人民共和国乡村振兴促进法》等法律的制修订中增加具体条款，细化具体要求，进一步为“水－能源－粮食”协调提供法律基础和法律依据。同时，要完善相应关联性条款的法律罚则规定，强化法律约束力。

（二）在宏观战略和重大规划制定中强化“水－能源－粮食”协调

一是要深入研究黄河流域“水－能源－粮食”纽带关系的演变特征和三种资源的作用规律，在此基础上全面评估涉及能源矿产资源开发、能源转型发展、农业生产、粮食安全、“三水”治理等宏观战略和重大规划中的关键条款举措对其他两方面的影响方式和影响程度。

二是在国土空间规划制定中，要注重反映能源和粮食的生产空间、反映水资源的生态空间和居民生活空间的统筹和避让，降低空间重叠和矛盾，提升国土空间利用效率。在保证国土空间规划系统性、整体性、协同性的基础上，确保上下层规划的协调。进一步明确并消除各行政主管部门对地块认定的差异，加强规划在落图、落地层面的衔接。例如，明确新能源光伏产业使用林地、农用地、居住用地的政策规定，破除适宜建设的新能源项目用地掣肘。

三是发展规划所提出的具体任务路径要进一步强化与上位法律法规的呼应。更为重要的是，要在后续围绕黄河流域生态环境保护治理、能源绿色清洁低碳发展、粮食安全保障等方面出台的规划、方案、意见中增加或细化“水－能源”“水－粮食”关联性条款。比如，在能源基地规划建设时，将拟建基地的水资源论证报告书及水利部的审查意见作为决定新上项目的前提条件。又如，在沿黄各省区、地市及重要能源、化工基地规划的编制上，进一步细化水资源总量的刚性约束目标，在用水矛盾突出的能源产业发展上，除了万元工业增加值用水强度目标外，同时设定单位产品产量用水强度目标指标。对于水资源严重缺乏的地区，农业生产要旗帜鲜明地提出压减高耗水粮食作物种植面积，在必要时可向有关部门申请调减粮食产量考核指标。

（三）优化细化黄河流域水资源分配方案

近中期“大稳定、小调整”水资源分配方案，即在基本保持黄河“八七”分水方案的情况下，结合当前具体情况对地表水分配进行微调。基于沿黄各省区用水需求变化及水资源变化新形势，阶段性微调黄河流域水资源配置比例，建立引黄河流域水资源总量刚性控制、动态调整机制。

探索实施“大补充、小调整”水资源分配方案，即以“八七”分水方案为基础，补充地下水量分配方案。黄河“八七”分水方案中仅分配了黄河流域的地表水，而在水循环系统中地表水与地下水是相互转化、密切关联的，仅分配地表水会导致忽视地下水资源合理开采与利用，可能引起地下水的过度开采，从而影响地表水乃至更大范围的水生态环境。因此，应充分考虑黄河流域地表水的历史分配量以及地表水、地下水的现状用水量，在科学分析黄河流域各省区地表水与地下水相互转化关系和空间分布特征的基础上，按照总量控制和地下水采补平衡的原则，统筹考虑黄河地表水和地下水资源的配置，最终形成对黄河流域水资源闭合系统统筹的分配方案。

未来“新格局、大调整”水资源分配方案，即在新的水资源和社会经济格局条件下对黄河水资源及其外调水资源进行通盘考虑、重新分配。结合黄河流域能源、粮食生产在全国的供应保障定位，适度增加中上游甘肃、宁夏、内蒙古以及下游山东的取水比例。

二、优化体制机制

实现黄河流域“水－能源－粮食”高水平协调是一项涉及多领域、多部门、多行动主体、多利益相关者的全方位集体合作和全周期管理行动。涉及水、能源、粮食管理的行政部门包括发展改革、水资源、能源、工业信息化、农业农村、粮食储备、生态环境、自然资源、林草等，推动“水－能源－粮食”协调发展需要建立跨区域、跨部门的协同管理和协调合作机制。

（一）强化中央综合协调机构统筹力度

以中央区域协调发展领导小组为平台，聚焦黄河流域，建立融合水资源、水生态环境、能源发展、农业生产、流域治理等主管部门在国家、省市区、能源基地、粮食主产区等层面的常态化议事协调制度，强化在重大规划编制、重要政策制定、重点项目实施时的共商共议。

加强在能源、粮食生产等重大生产力方面的统筹。以减少产业发展同质化无序竞争为目的，强化区域优势产业协作，促进流域内各省区发展更加均衡。重点推进上游宁蒙引黄灌区、中游“几”字弯地区等区域内毗邻省区在粮食生产、能源发展上的分工协作，研究编制产业协作与发展规划，实现错位联动发展。

强化政府监管考核的协同。加强相关规划实施评估，必要时开展水、能源、粮食综合形势会商、分析预警，统筹评估规划实施情况，加大对规划实施协同性的督导力度。在同水资源、能源、粮食三要素密集相关的粮食生产、能源安全、能耗及碳排放双控、生态保护和污染防治等内容的具体考核指标设置上，要进一步增强协同性，避免因考核导向产生地方政府过分倾向于某一方面而对“水－能源－粮食”整体协调发展产生不利影响。

（二）完善跨部门协作机制

深入推进生态环境保护跨部门协同治理。以《黄河保护法》中所涉及的部门协同治理宏观性原则要求为根本依据，明确所涉部门的职责划分、协同治理的适用条件和形式内容等，减少职权重叠与冲突。持续推动水利部与生态环境部在水生态环境保护治理上的协作配合，以水利部黄河水利委员会和黄河生态环境监督管理局这两个流域派出机构为重点主体，进一步健全分析预警、调度通报、独立调查、跟踪督办的水生态环境问题发现和推动解决工作机制，健全生态环境治理责任共担机制，提升协同监管效能。落实好《最高人民法院关于为黄河流域生态保护和高质量发展提供司法服务与保障的意见》（法发〔2020〕19号），深入推进黄河流域行政执法机关与司法机关协同配合，逐步构建完善“行政执法+司法审判+检查监督”

的治河模式。

建立针对水资产的跨部门协作机制。参考较为成熟的水资源保护与水污染防治协作机制，逐步将流域水要素的生态价值转化考虑进来，探索建立水资产的跨部门协作机制。水资产涉及的相关部门除水利部门、生态环境部门外，还应包括自然资源部门、林草部门、农业部门等，建议由国家发展改革委牵头，组织构建以水资产确权、核算、转化、增值等为主要内容的责任分工和协调推进工作机制，统一标准、形成合力。在部门协商的基础上，研究制定水生态补偿、损害赔偿等保障机制。

增强跨部门信息交流与共享。当前，不同部门间数据信息分享不顺畅、不及时是造成跨部门协作效能不高的主要原因之一。因此，首先，要进一步打破部门间的信息壁垒，建立“三水”涉及部门信息共享机制，统一数据的发布、展示和加工规范，确保相关信息得到充分有效的沟通传输。其次，在信息有效沟通和充分共享的基础上，全面利用大数据、区块链等信息化的创新技术，构建“去中心化”的数据资源集成平台，实现水资源、能源、粮食、水环境、水生态等数据信息共享和协同监管。

（三）加强跨省区协同发展

强化跨界生态环境协同治理。抓好跨省区河湖水体联防联控，根据水利部黄河水利委员会近期出台的《黄河流域跨省界河湖库联防联控联治指导意见》的要求，以黄河跨省界干流和重要支流为对象，推进健全协同管控机制、实现基础信息共享、共同推进生态治理、依法治水管水护水四项主要任务，强化责任落实、夯实工作基础、完善监测预警、落实奖惩机制等保障举措。借鉴秦岭地区跨区域生态保护协同合作机制的经验，在黄河流域其他重点生态保护区，探索建立保护区范围内关联省区、地市共同且深度参与的区域整体性生态保护协同机制。参考陕甘宁蒙晋五省区六地市中级人民法院共建协作机制，在全流域推动自然本底相近的毗邻省区建立地市层面的生态环境资源审判协作机制。

推动跨省区间形成高质量发展合力。着重探索在市场一体化、区域合作等方面的系统协同和改革创新。在市场一体化方面，建立健全用水权、排污权、碳排放权、用能权初始分配与交易制度，选择“水－能源－粮食”协调度高的地区建设区域性用水权、排污权、碳排放权等交易市场，完善产能指标、耕地指标等交易；以土地综合整治为抓手，盘活采煤沉陷区、历史遗留矿山综合整治后的复垦土地，推动节余指标在沿黄地区跨省域有偿调剂使用，破解土地要素瓶颈制约。在区域合作方面，深化沿黄省区在规划衔接、能源开发利用布局、重大基础设施建设等方面的合作，打破地域壁垒，探索建立统一规划、统一管理、合作共建、利益共享的合作新机制；以利用好各自资源禀赋、发挥好各自优势特色为目的，探索建立不同省区间地市、企业共同出资共建产业园区的机制，通过市场化机制保证共建园区风险共担、收益共享。在利益补偿方面，积极探索横向补偿，鼓励供水区与受水区、生态受益区与生态保护区、能源资源输出地与输入地、下游地区与上游地区通过资金补偿、水生态产品价值实现、粮食产销合作、产业转移、共建清洁能源基地等多种方式、多种手段建立多元化的横向生态补偿机制。

三、完善政策体系

要立足于“水－能源－粮食”纽带关系中水资源的基础性作用，以水为关键优化政策体系。在政策手段的应用中，应坚持政府和市场“两只手”协同发力，不仅是发挥好政府在市场失灵方面的补足作用，有针对性地增强对水生态环境保护治理、水资源开源与节流的财政支持和税收优惠，而且更重要的是发挥好市场对资源优化配置的作用，围绕水价、水资源税、水权交易等水相关的经济或市场类手段，提高不同手段的协同度，逐步构建起有利于提升“水-能源-粮食”协调水平的政策体系。

（一）加大对保护和节约的资金支持和补贴力度

在生态环境保护方面，对黄土高原、贺兰山、秦岭、黄河三角洲等黄河流域重点生态功能区，在科学合理评价环境质量改善和生态功能提升效果的基础上，对其间的山水林田湖草沙一体化保护和修复工程，历史遗留废弃工矿土地整治，大气、水、土壤污染防治和农村环境整治等工程持续提供财政资金支持，优化支持方式，探索政府支持带动社会资本投入的机制。

在能源方面，以发挥更大的能源节水潜力为目标，研究制定财政资金和税收优惠政策，支持保水开采、充填开采、水循环设备、高盐废水深度净化设备、高效空冷技术等生态环境友好型节水技术在全流域推广普及应用。对开展光伏治沙、矿井水域建设漂浮新能源电站、利用生活污水处理厂或再生水厂铺设的光伏发电电解水制氢等“水生态治理+能源”“非常规水利用+绿氢”模式探索的园区、企业给予必要的财政支持或加大相关税收减免力度。细化调整矿山生态修复基金管理办法，煤矿增加同矿井水处理和循环利用相衔接的水生态保护修复要求，油田增加同回注井地下水监测和生态风险防控相衔接的要求，明确针对上述用途的基金提取和使用办法。

在农业方面，持续实施农业节水精准补贴和节水奖励。落实政府在农业节水设施建设中的主体责任，统筹加大地方财政支持力度。将重要节水设备纳入农机购置与应用补贴机具目录种类范围，研究制定提供配套资金补贴的方案。综合考虑供水成本、水资源稀缺程度、用水主体承受能力等因素，各省区甚至下辖地级市细化农业节水精准补贴机制和奖励办法。鼓励和引导社会资本参与农业节水工程建设和运营管理，加大农业发展银行等政策性金融机构的支持力度，鼓励和规范农民专业合作社、农村集体经济组织、行业协会等组织的内部金融形式。

（二）建立政府和市场两手发力的水资源定价机制

加快厘清政府与市场定价边界和事权范围。沿黄各地要严格落实省、市、县各级行政区域用水总量、用水强度控制指标，在控制指标范围内取用水，并强化政府对价格制定和形成规制的作用。此外，要加强政府对跨流域、跨区域水利工程供水价格以及生态用水价格等的形成的作用。对于超出控制总量和强度要求的取用水，推动涵盖供需双方供水成本、水资源稀缺程度、市场供求关系、生态环境损害程度等因素的市场定价。对于具备协商定价条件的地区、领域，可探索推进协商定价，政府应加强对市场形成价格的监管。

持续推进终端用水价格优化。在农业用水方面，深化农业水价综合改革推进和现代化灌区建设试点工作，以黄河流域典型灌区为重点，加强考虑工程、环境等全成本的农业水价核算，作为优化农业水价的重要参考；遵循“补偿成本、公平负担”的原则，并充分考虑农村居民的承受能力，结合灌区规模分区、灌溉水利设施不同的属性（国管或群管，国管指国家和政府管理，群管主体是群众和用水户）、灌溉水利用效率等因素，细化明确价格形成机制，制定分区分档供水水价。在居民生活用水方面，按照保本微利原则，优化调整城镇居民生活供水水价；完善阶梯水价制度，以节水为导向适度收窄第一阶梯水量的收费范围。在工商业用水方面，严格控制初始水权分配指标，实施用水权有偿取得，进一步优化阶梯水价和超计划累进加价制度。完善水价动态调整机制。

优化非常规水价格体系。以引导使用非常规水为目标，科学制定价格，消除与常规水源的价格劣势，适度拉大两者价格差。研究制定黄河流域矿井水、再生水价格管理指导文件，建立不同用途、不同用户的分类价格体系。

支持供需双方自主协商商定非常规水价并开展交易，提升非常规水市场化定价能力，增强相关主体开发利用内生动力。

（三）持续深入推动水资源费改税

沿黄九省区全面推行水资源税改革。财政部等部门于2016年、2017年分别印发了《水资源税改革试点暂行办法》（财税〔2016〕55号）和《扩大水资源税改革试点实施办法》（财税〔2017〕80号）①，明确10个省（区、市）为水资源税改革试点地区（黄河流域九省区中，除青海、甘肃外，其余7个省区均为试点地区）。

结合供用水结构和效率加大税率设置的差异度。我国于2020年施行的《中华人民共和国资源税法》明确规定对取用地表水或地下水的单位和个人试点征收水资源税，水资源税根据当地水资源状况、取用水类型和经济发展等情况实行差别税率。从沿黄试点省区的效果看，当前水资源税率设置还未充分起到优化供用水结构、提高取用水效率的作用。基于此，在科学评价沿黄7个试点省区水资源税改革现状和对水资源利用结构、效率影响的基础上，以2024年10月财政部出台的《水资源税改革试点实施办法》（财税〔2024〕28号）为纲，科学合理设定不同水源、不同行业的水资源税率，适度拉开地表水与地下水、超采区与非超采区、常规水与非常规水、一般行业和特种行业的税率差距。具体如，对于采矿疏干排水，参考山东、内蒙古等矿井水回用与不回用水资源税差距一倍以上制定差异化的税收政策，全流域推进回用矿井水按排水量计税和从低计税；对于特种行业类型，结合当前新形势，适度纳入纯净水业、温泉水疗等高耗水行业；对于有外调水的地下水超采地

---

① 依据《水资源税改革试点实施办法》（财税〔2024〕28号），自2024年12月1日起，水资源税全国开征，财税〔2016〕55号、财税〔2017〕80号全文废止。

区，对地下水征收的税率标准应高于外调水。

建立以水资源税为来源的基金。更好发挥水资源税“取之于水、用之于水”的作用，通过建立稳定的财政投入渠道，推进水资源税优先用于水资源节约集约利用、水源地保护补偿等方面。优化水资源税收入分配机制，建议结合中央及地方各级政府的事权与支出责任进行调整。此外，要完善相应的监管体系，确保水资源税专款专用。

（四）探索多元化用水权交易机制

积极开展不同类型水权交易。着力推动水权行业流转，引导行业间结余水权流转，鼓励水资源超载地区的工业企业、城镇生活等取用水户与灌区开展用水权交易。实施农业节水或闲置水指标收储转让，指导地方政府开展回购引黄灌溉用水户水权，探索建立农业节水回购制度。开展生态补偿性水权交易，以江河、湖泊分配水量为补偿基准，推动下游向上游的生态补偿型水权交易，围绕黄河三角洲生态补水，开展引黄指标的补偿交易或短期租赁、回购上游灌溉用水户节余水权。将矿井水、再生水纳入水资源的统一配置，探索推进涵盖非常规水的用水权交易。

探索建立流域层面跨省区水权交易机制。2022年8月，水利部、国家发展改革委、财政部联合印发《关于推进用水权改革的指导意见》（水资管〔2022〕333号），明确提出到2025年，初步建立全国统一的用水权交易市场。2023年，宁夏与四川两省水利厅签署了《四川宁夏黄河流域区域水权跨省交易框架协议》，宁东能源化工基地与阿坝州水务局签署了《四川宁夏黄河流域区域水权跨省交易协议》，并完成首单共计1500万立方米的黄河用水权转让交易，对于流域层面建立统一的用水权交易市场提供了很好的借鉴作用。对于黄河流域而言，可在总结两省交易经验的基础上，做好区域水权、取水权（水库工程）的分配，对可供水量内结余或预留水量指标开展跨省区的水权交易，逐步形成配套的交易规范和制度安排。

完善水权交易全过程管理。制定水权交易方面的管理法规，规范水权交易的条件、审批程序、权益和责任转移等。建立水权转让协商制度，保护利益相关者的合理诉求。建立水权交易第三方利益补偿制度，明确水权交易对周围地区、其他用水用户及环境造成的影响进行评估和补偿的具体办法。强化用水权交易信息披露，实行用水权交易公告制度。

四、加快重大工程建设

（一）推进“两区”重要生态保护和修复重大工程

2020年6月，国家发展改革委、自然资源部印发《全国重要生态系统保护和修复重大工程总体规划（2021—2035年）》（发改农经〔2020〕837号），将生态系统保护和修复重大工程布局在我国的“三区四带”，即青藏高原生态屏障区、黄河重点生态区（含黄土高原生态屏障）、长江重点生态区（含川滇生态屏障）、东北森林带、北方防沙带、南方丘陵山地带、海岸带。其中，黄河流域范围涉及青藏高原生态屏障区和黄河重点生态区（含黄土高原生态屏障）两区。

按照总体规划部署，在青藏高原生态屏障区内，以三江源、祁连山、若尔盖草原湿地等为重点，实施草原保护修复、河湖和湿地保护恢复、天然林保护、防沙治沙、水土保持等一系列工程。在黄河重点生态区（含黄土高原生态屏障）区内，以黄土高原、秦岭、贺兰山、黄河下游、矿山等区域为重点，开展水土保持和土地综合整治、天然林保护、三北等防护林体系建设、草原保护修复、沙化土地治理、河湖与湿地保护修复、矿山生态修复等一系列工程。

（二）实施水资源配置和供水保障重大工程

2023年5月，中共中央、国务院印发《国家水网建设规划纲要》，提出加快建设国家水网是解决水资源时空分布不均、更大范围内实现空间均衡的必然要求；是解决生态环境累积欠账、实现绿色发展的必然要求；是有效应对水旱灾害风险，更高标准筑牢国家安全屏障的迫切要求。对于黄河流域“水－能源－粮食”协调发展而言，应当在国家水网总体部署下，着重推进国家层级的水网大动脉工程和区域性水资源配置和供水保障工程。

完善南水北调工程总体布局。用足用好南水北调东、中线一期工程供水能力，提高工程供水效益。坚持科学布局，准确把握东线、中线、西线各自特点，加强顶层设计。深化南水北调东线、中线后续工程和西线工程前期工作，做好多方案、多维度研究与比选，在将对自然生态环境影响降至最低的前提下，考虑黄河流域保障国家能源安全、粮食安全的定位，强化西线工程调水线路规模和建设时序的论证。

优化区域性水网工程布局。开展水源工程间、不同水资源配置工程间水系连通，提升区域水资源调配保障能力。在城镇地区，加快城市应急备用水源工程建设，进一步强化易旱地区供水保障能力建设；以县域为单元，依托现有大水源，采取改造、新建、联网、并网等措施，建设输水管网或配套水厂；大力推进城乡供水一体化建设，实现城镇水厂向农村地区管网延伸供水。在农村地区，以黄河中下游粮食生产功能区、重要农产品生产保护区和特色农产品优势区为重点，推进一批规模化、集约化、生态化灌区建设，实施大中型灌区续建配套和现代化改造。

（三）开展农业“提产节水”重大工程

持续推进高标准农田建设。根据国务院批复、农业农村部印发的《全国高标准农田建设规划（2021—2030年》，全国高标准农田建设分成东北区、黄淮海区、长江中下游区、东南区、西南区、西北区、青藏区7个区。黄河流域范围内涵盖黄淮海区、西北区、青藏区3个区。河南、山东位于黄淮海区，重点要合理安排田块布局，满足规模化、机械化经营生产需要；推行秸秆还田、深耕深松、绿肥种植、有机肥增施、配方施肥、施用土壤调理剂、客土改良质地过砂土壤等；改造提升田间灌排设施，完善井渠结合灌溉体系。山西、陕西、甘肃、宁夏、内蒙古西部等位于西北区，重点要开展土地平整，合理划分和适度归并田块；培肥耕地地力，因地制宜建设秸秆还田和农家肥积造设施；汾渭平原、河套平原、河西走廊等平原区完善田间灌排设施，大力发展管灌、喷灌、微灌等高效节水灌溉。青海位于青藏区，重点要综合考虑农机作业、灌溉排水和生态保护需要，开展田块整治；因地制宜通过农艺、生物、化学、工程等措施，加强耕地质量；合理建设田间灌溉排水工程，大力推行渠道防渗、管道输水灌溉、喷灌、微灌等节水措施，配套完善输配电设施。

持续推进中大型灌区续建配套和节水改造。持续开展黄河流域中大型灌区实施现代化建设和改造，完善灌排工程体系，重点开展渠首工程、输配水工程、骨干排水工程、渠（沟）系建筑物及配套设施、用水量测、管理设施的建设和优化提升。

五、夯实标准和科技支撑

（一）健全标准体系

完善黄河流域生态环境标准体系。研究制定黄河流域水资源承载力评价标准，构建完整反映水资源量、引水排污水体、水生态环境质量的统一核算标准和方法。研究制定黄河流域水生态监测和开发利用相关标准，规范生态流量、自然岸线保有、水生生物等方面的监测、测算、评价与保护利用。

建立系统全面的节水标准体系。加快推进农业、工业（能源）、城镇、生态各方面节水标准的制修订。出台覆盖主要生产环节、产品的取水用水定额标准，针对黄河流域中上游的煤炭开采、煤电、煤化工等行业，结合水资源禀赋条件，适度提高定额标准，推动成熟、适用的标准成为国家强制性标准。制定与同行业、环节、产品的取用水定额相匹配的节水技术规范标准，为企业实现定额提供可行的技术方案参考。细化相关行业企业节水管理标准，重点围绕节水评价、水系统集成优化、水平衡测试等制定出台或更新标准规范。

健全非常规水利用标准体系。强化生态环境部、水利部、农业农村部、住房城乡建设部等部门按排污、受纳水体、处理方式等制定的水质标准要求衔接，为常规水利用奠定基础。对于矿井水而言，以“好水高用、劣水低用”为导向健全标准体系和技术规范，避免过度处理、提高成本，按蒸发塘排放、城市绿化、生态补水、农田灌溉、工业用水等不同排放回用途径制定矿井水利用国家标准，鼓励沿黄各省区结合水环境承载力制定地方标准；加快制定矿井水中油类、纤维悬浮物等新污染物的管控标准。对于再生水而言，在住房城乡建设部已经发布过的城镇污水再生利用相关系列标准的基础上，结合新形势新要求，加快原标准的更新修订。鼓励沿黄各省区根据自身经济社会发展情况细化明确再生水用于景观、绿地、地下水回灌、工业、农田灌溉的水质标准。

（二）强化科技研发应用

加强重大战略和关键问题研究。研究构建水资源刚性约束指标体系，包括：干支流控制断面生态流量、区域取水总量和流域平原区地下水水位控制；南水北调西线工程对调水区和受水区的生态影响以及工程建设关键技术、调水河段生态流量底线以及调水量区间等。研究能源发展、粮食生产与水土资源承载力耦合和协同保障，包括：水土资源承载能力测算、评价和提升；能源、粮食或“能源-粮食”交错的产业布局与水资源承载能力、生态系统格局的适配性评估；等等。

实施关键技术研发推广攻坚行动。围绕水资源安全保障和高效循环利用、能源生产全过程节水减污、智慧节水灌溉、水肥高效利用、海水淡化利用、矿井水利用等领域，持续实施重点科技专项和若干攻坚行动、示范行动和能力提升行动。进一步创新水体、土壤、大气污染防治和危废处置技术，突破流域生态环境和水沙智慧监测与管理技术，推广流域深度节水、生态系统保护、产业绿色发展、污染综合防治、“智慧黄河”等技术示范，形成一批战略性产业、新兴产业、生态产业示范区。

（三）推动数字化赋能

建设智慧“数字黄河”。首先，运用物联网、遥感和无人机等技术和工具，提升水文气象和自然灾害的动态监测能力，实现生态环境监测网络全覆盖。其次，搭建黄河流域生态环境监测信息和分析统一集中展示平台，集成生态环境、水文、水利工程、水土保持、自然灾害等分属不同部门的信息，通过统一的调度指挥与决策支持平台实现数据深度的综合分析与挖掘应用。最后，利用黄河流域已有的算力设施和能力，推动水生态环境物理层面全要素和运行层面全过程的数字化映射、模拟和预测，构建数字孪生黄河，支持水网建设、工程调度、风险防范等方面的预测预警，提升水资源管理和优化配置水平。

推动能源、农业与信息技术深度融合。推进黄河流域内煤炭、油气、风能、太阳能、地热能、生物质能等各种能源形式基础数据整合共享，搭建能源大数据平台。强化农村农田供水、输水、配水和用水全过程的数字化改造升级。重点在能源生产和需求预测管理、源网荷储一体化新型电力系统建设、粮食产量和农田灌溉、能源和灌区空间布局等方面，利用人工智能、大数据、云计算、传感器、物联网、多源遥感等实现数字化、智能化的管理。

参考文献

［1］CHEN J F，DING T H，WANG H M，et al. Research on total factor productivity and influential factors of the regional water–energy–food：a case study on Inner Mongolia，China[J]. International Journal of Environment Research and Public Health，2019，16（17）：3051.

［2］HOFF H. Understanding the nexus：Background paper for the Bonn 2011 conference：The water energy and food security nexus［C］.Stockholm：Stockholm Environment Institute，2011.

［3］UN–ESCAP. Water–Food–Energy Nexus in Asia and the Pacific Region. Discussion Paper［R］. 2013.

［4］Asian Development Bank（ADB）. Thinking about water differently：Managing the water–food–energy nexus［R］. Mandaluyong City：ADB，2013.

［5］Intergovenmental Panel on Climate Change（IPCC）. Climate Change 2014：Synthesis Report. In：Contribution of Working Groups Ⅰ，Ⅱ and Ⅲ the Fifth Assessment Report of the Intergovernmental Panel on Climate Change［R］. Geneva：IPCC，2014.

［6］Food and Agriculture Organization of the United Nations. The Water–Energy–Food Nexus：A new approach in support of food security and sustainable agriculture［R］. Rome：FAO，2014.

[7]国资小新.南水北调工程通水7周年，国家队“调”出一条黄河[EB/OL](2021-12-14)[2024-09-10].https://baijiahao.baidu.com/s?id=1719060961678305179&wfr=spider&for=pc.

[8]孔令斯，樊静丽，汪航，等.我国能源与水重要关系研究需求：基于调查问卷分析[J].中国能源，2018，40(10)：33-37.

[9]孙世坤，王玉宝，刘静，等.中国主要粮食作物的生产水足迹量化及评价[J].水利学报，2016，47(9)：1115-1124.

[10]赵健，籍瑶，刘玥，等.长江流域农业面源污染现状、问题与对策[J].环境保护，2022，50(17)：30-32.

[11]刘英基.粮食生产的能源投入及技术变动趋势[J].华南农业大学学报（社会科学版），2015，14(3)：104-113.

[12]张宗勇，刘俊国，王凯，等.水－能源－粮食关联系统述评：文献计量及解析[J].科学通报，2020，65(16)：1569-1580.

[13]邓鹏，陈菁，陈丹，等.区域水－能源－粮食耦合协调演化特征研究：以江苏省为例[J].水资源与水工程学报，2017，28(6)：232-238.

[14]毕博，陈丹，邓鹏，等.区域水资源－能源－粮食系统耦合协调演化特征研究[J].中国农村水利水电，2018(2)：72-77.

[15]支彦玲，陈军飞，王慧敏，等.共生视角下中国区域“水－能源－粮食”复合系统适配性评估[J].中国人口·资源与环境，2020，30(1)：129-139.

[16]United Nations. World population prospects：The 2012 revision. Highlights and advance tables[EB/OL].https://population.un.org/wpp/publications/Files/WPP2012_HIGHLIGHTS.pdf.

[17]International Energy Agency(IEA). Energy security[EB/OL][2022-6-10].https://www.iea.org/topics/energy-security.

［18］Food and Agriculture Organization（FAO）. Food security and resilience［EB/OL］［2022-4-1］. https://www.fao. org/3/i5353e/i5353e.pdf.

［19］BIZIKOVA L，ROY D，SWANSON D. The water-energy-food security nexus：Towards a practical planning and decision support framework for landscape investment and risk management［Z］. Winnipeg：International Institute for Sustainable Development，2013.

［20］孙才志，阎晓东. 中国水资源－能源－粮食耦合系统安全评价及空间关联分析［J］. 水资源保护，2018，34（5）：1-8.

［21］李东林，刘建华，郝林钢，等. "一带一路"非洲区水－粮－能安全分析［J］. 水资源保护，2018，34（4）：22-28.

［22］王玉宝，蒲傲婷，闫星，等. 新疆水－能源－粮食系统安全综合评价［J］. 农业机械学报，2020，51（6）：264-272.

［23］SHU Q，SCOTT M，TODMAN L，et al. Development of a prototype composite index for resilience and security of water-energy-food（WEF）systems in industrialised nations［J］. Environmental and Sustainability Indicators，2021，11（4）：1-9.

［24］CANSINO-LOEZA B，MUNGUÍA-LÓPEZ A C，PONCE-ORTEGA J M. A water-energy-food security nexus framework based on optimal resource allocation［J］. Environmental Science and Policy，2022，133：1-16.

［25］MILLER-ROBBIE L，RAMASWAMI A，AMERASINGHE P. Wastewater treatment and reuse in urban agriculture：exploring the food，energy，water，health nexus in Hyderabad，India［J］. Environmental research letters，2017，12（7）：1-12.

［26］MOORE B C，COLEMAN A M，WIGMOSTA M S，et al. A high spatio temporal assessment of consumptive water use and water scarcity in the conterminous United States［J］. Water resources management, 2015, 29（14）: 5185-5200.

［27］HATFIELD-DODDS S, SCHANDL H, ADAMSP D, et al. Australia is ‘free to choose’ economic growth and falling environmental pressures［J］. Nature, 2015, 527: 49-53.

［28］RAMASWAMI A, BOYER D, NAGPURE A S, et al. An urban systems framework to assess the trans-boundary food-energy-water nexus: implementation in Delhi, India［J］. Environmental research letters, 2017, 12（2）: 14.

［29］刘凌燕，王慧敏，刘钢，等. 供需视角下水－能源－粮食系统风险的驱动机理与政策仿真：面向东北三省的系统动力学分析［J］. 软科学，2020, 34(12): 52-60.

［30］ZHANG X D, VESSELINOV V V. Integrated modeling approach for optimal management of water, energy and food security nexus［J］. Advances in Water Resources, 2007, 101: 1-10.

［31］AKINSETE E, KOUNDOURI P, LANDIS C. Modeling the WEF Nexus to Support Sustainable Development: An African Case. In: Cavalli, L., Vergalli, S. (eds) Connecting the Sustainable Development Goals: The WEF Nexus. Sustainable Development Goals Series. Springer, Cham［EB/OL］(2022-06-21)［2024-10-11］. https://doi.org/10.1007/978-3-031-01336-2_8.

［32］CHEN D, FU Z, ZHANG P, et al. Research on the multi-objective optimal allocation model of water and soil resources in irrigation areas based on the concept of water-energy-food nexus［J］. China Rural Water and Hydropower. 2022, (7): 73-81.

［33］HERNÁNDEZ-PÉREZ L G, SÁNCHEZ-ZARCO X G, PONCE-ORTEGA J M. Multi-objective optimization method based on deterministic and metaheuristic approaches in water–energy–food nexus under uncertainty [J] . International Journal of Environment Research，2022，16（33）.

[34] LÓPEZ–FLORES F J，SÁNCHEZ–ZARCO X G，RUBIO–CASTRO E，et al. A machine learning approach for optimizing the water–energy–food–ecosystem nexus：a resilience perspective for sustainability [J] . Environment，Development and Sustainablity，2023.

[35] 彭俊杰.黄河流域“水–能源–粮食”相互作用关系及其优化路径 [J] .中州学刊，2021（8）：48–54.

[36] 赵良仕，刘思佳.黄河流域地级市水–能源–粮食系统耦合及空间关联研究 [J] .水资源与水工程学报，2022，33（4）：14–23.

[37] 孙才志，靳春玉，郝帅.黄河流域水资源–能源–粮食纽带关系研究 [J] .人民黄河，2020，42（9）：101–106.

[38] 徐辉，王亿文，张宗艳，等.黄河流域水–能源–粮食耦合机理及协调发展时空演变 [J] .资源科学，2021，43（12）：2526–2537.

[39] 罗巍，杨玄酯，杨永芳，等.黄河流域水–能源–粮食纽带关系协同演化及预测 [J] .资源科学，2022，44（3）：608–619.

[40] 秦悦. 黄河流域水–能源–粮食系统耦合协调度研究 [D] .郑州：中原工学院，2022.

[41] 彭俊杰.黄河流域“水–能源–粮食”纽带系统的生成机制、价值体现与路径重塑 [J] .当代经济管理，2021，43（8）：76–81.

[42] 张晓松，朱基钗，杜尚译.大河奔涌，奏响新时代澎湃乐章：习近平总书记考察黄河入海口并主持召开深入推动黄河流域生态保护和高质量发展座谈会纪实 [EB/OL]（2021–10–23）[2024–10–11] . https：//www.gov.cn/xinwen/2021–10/23/content_5644512.htm.

[43] 牛存稳，党素珍，孙响铃，等. 黄河流域水资源超载地区和短缺地

区的判定与动态管理［J］. 中国水利，2024（9）：39-44.

［44］顾大钊，李井峰，曹志国，等. 我国煤矿矿井水保护利用发展战略与工程科技［J］. 煤炭学报，2021，46（10）：3079-3089.

［45］陈婉. 用好再生水资源 守护黄河安澜［J］. 环境经济，2023（6）：22-27.

［46］郝姝然，陈卓，徐傲，等. 黄河流域主要城市再生水利用状况及潜力分析［J］. 环境工程，2022，40（10）：1-8，79.

［47］王志鹏，乔家君，张二申，等. 1990—2020年黄河流域粮食产量时空演变及影响因素分析［J］. 河南大学学报（自然科学版），2023，53（5）：505-515，574.

［48］方兰，李军. 粮食安全视角下黄河流域生态保护与高质量发展［J］. 中国环境管理，2019，11（5）：5-10.

［49］陶园，徐静，任贺靖，等. 黄河流域农业面源污染时空变化及因素分析［J］. 农业工程学报，2021，37（4）：257-264.

［50］刘钦普. 中国化肥面源污染环境风险时空变化［J］. 农业环境科学学报，2017，36（7）：1247-1253.

［51］韩冰，张杨，陈融旭. 引黄灌区农业面源污染生态治理模式浅析［C］// 中国水利学会. 2022中国水利学术大会论文集（第二分册）. 2022：7.

［52］侯聪宇，刘海霞，赵健，等. 黄河流域河套灌区农业面源污染模拟的难点与重点分析［J］. 环境科学研究，2024，37（1）：73-79.

［53］吴兆丹，丁小琦，陈其勇，等. 黄河流域粮食虚拟水流动对水资源空间均衡性的影响［J］. 水利经济，2023，41（1）：62-71，102，105.

［54］YI J，XU T，FENG C Y，et al. Energy and water conservation synergy in China：2007-2012［J］. Resource，Conservation and Recycling，2017，127：206-215.

［55］高津京. 基于水资源优化配置与城市产水过程温室气体减排的城市水系统调控研究［D］. 天津：天津大学，2019.

［56］余娇. 基于“水-能-碳”关联的郑州市水系统碳排放研究［D］. 郑州：华北水利水电大学，2020.

［57］温华，钟丽锦，付晓天. 城市水源选择的水-能源关联分析：以青岛为例［EB/OL］［2024-10-12］. https：//wri.org.cn/sites/default/files/2022-01/water-energy-nexus-urban-water-source-qingdao.pdf.

［58］王国栋，郑利祥，田希双，等. 煤矿矿井水预处理系统能耗分析与节能途径研究［J］. 能源环境保护，2022，36（5）：88-94.

［59］沈辰，王欢. 水-土资源有效利用视角下我国粮食生产区域布局优化研究［J］. 中州学刊，2024（5）：41-47.

［60］柳长顺，杜丽娟，陈献，等. 近20年我国有效灌溉面积动态分析［J］. 资源科学，2006（2）：8-12.

［61］彭少明，郑小康，严登明，等. 黄河流域水资源供需新态势与对策［J］. 中国水利，2021（18）：18-20，26.

［62］王伟. 浅析河套灌区农业用水定额主要影响因素及影响效果［J］. 内蒙古水利，2024（4）：79-81.

［63］赵勇，何凡，何国华，等. 全域视角下黄河断流再审视与现状缺水识别［J］. 人民黄河，2020，42（4）：42-46.

［64］王一艳，杨涛，王伟，等. 渭河生态基流时空分异特征及保障率分析［J］. 水资源与水工程学报，2020，31（3）：66-75.

［65］田沉. 汾河上中游生态基流与敏感生态需水研究［D］. 太原：太原理工大学，2022.

［66］景明，张会敏，杨健，等. 宁蒙典型灌区深度节水控水措施研究［J］. 人民黄河，2020，42（9）：155-160.

［67］王军涛，李根东，宋常吉，等. 黄河灌区高效节水灌溉发展对策与建议［J］. 灌溉排水学报，2021，40（S2）：111–114.

［68］马俊，戴向前，周飞，等. 数说我国城镇居民生活水价［J］. 水利发展研究，2022，22（7）：8–13.

［69］黄茜. 黄河流域水污染跨部门协同治理法律机制研究［D］. 重庆：西南大学，2021.

［70］YUAN Z，YAN D，YANG Z，et al. Attribution assessment and projection of natural runoff change in the Yellow River Basin of China［J］. Mitigation and adaptation Strategies for Global Change，2018，23：27–49.

［71］李晓宇，李焯，袁华，等. 气候变化情景下黄河天然径流预测研究［J］. 人民黄河，2012，34（3）：27–29，33.

［72］农业农村部市场预警专家委员会. 中国农业展望报告（2023—2032）［M］. 北京：中国农业科学技术出版社，2023.

［73］康绍忠. 藏粮于水 藏水于技：发展高水效农业 保障国家食物安全［J］. 中国水利，2022（13）：1–5.

［74］刘兆辉，孙泽强，刘盛林，等. 黄河流域盐碱地资源与保护利用［J］. 山东农业科学，2024，56（5）：1–8.

［75］左强，吴训，石建初，等. 黄河三角洲滨海盐碱地可持续利用的水土资源约束与均衡配置策略［J］. 中国工程科学，2023，25（4）：169–179.

［76］MACKNICK J，NEWMARK R，HEATH G，et al. Operational Water Consumption and Withdrawal Factors for Electricity Generating Technologies：A Review of Existing Literature［J］. Environmental Research Letters，2012，7（4）：189–190.